Pastor... ¡no se desanime!

PASTOR... ¡NO SE DESANIME!

*Consejos para mantener
la victoria espiritual*

C. Neil Strait

Casa Nazarena de Publicaciones
Kansas City, Missouri, E.U.A.

Publicado por
Casa Nazarena de Publicaciones
17001 Prairie Star Parkway
Lenexa, Kansas 66220 USA

Originalmente publicado en inglés con el título:
Pastor...Be Encouraged
Por C. Neil Strait
Copyright © 1996
Published by Beacon Hill Press of Kansas City
A division of Nazarene Publishing House
Kansas City, Missouri 64109 USA

This edition published by arrangement
with Nazarene Publishing House
All rights reserved.

Traductor: Fredi Arreola
Cubierta: Isaac R. Abundis.

ISBN 978-1-56344-527-9

Todas las citas bíblicas se han tomado de la versión Reina-Valera 1995, excepto donde se indica una versión diferente.

Todos los derechos reservados. Ninguna parte de esta publicación podrá ser reproducida, procesada por ningún sistema que la pueda reproducir, o transmitir en alguna forma o medio electrónico, mecánico, fotocopia, cinta magnetofónica u otro excepto para breves citas en reseñas, sin el permiso previo de los editores.

DIGITAL PRINTING

A los pastores—
que laboran en las trincheras,
que se enlodan en la batalla,
que caminan con la gente en los momentos oscuros,
que predican a corazones quebrantados,
que sufren cuando el pecado destruye los hogares,
que responden desde temprano a las
peticiones de ayuda,
que consuelan corazones cuando la muerte
arranca a un ser amado,
que mantienen la dignidad cuando otros
actúan con mezquindad,
que encienden la esperanza para el corazón errante,
que sienten la angustia agobiante de una
madre o padre desilusionado,
que soportan el dolor cuando hay un malentendido,
que sienten la tristeza del rechazo,
que dan tanto —¡para que otros
puedan tener a Jesús,
y esperanza
y vida!

CONTENIDO

Prólogo   9
Introducción   11

Usted marca una diferencia

1. Mantenga su perspectiva   15
2. Usted marca una diferencia   17
3. ¡Usted es importante!   20
4. Haga su trabajo lo mejor que pueda   23
5. La actitud es crucial   26
6. Una forma segura de ser feliz   29

El desafío del ministerio

7. El alma de la iglesia   33
8. Buen consejo para los primeros años   35
9. Recuerde las ocasiones gozosas   38
10. Aprendamos del Maestro   41
11. El desafío del ministerio   43
12. Tácticas de supervivencia   46

La predicación marca una diferencia

13. Siempre habrá alguien que necesita su mensaje   51
14. La predicación es importante   53
15. Viva de acuerdo con lo que predica   56
16. ¿Qué marca realmente la diferencia?   59
17. Dios está en acción... ¡a través de usted!   62

La vida es una experiencia de aprendizaje

18. En la vida muchas veces necesitamos corrección	69
19. Lecciones de un cohete	72
20. Una lección del padre del hijo pródigo	74
21. Una nueva perspectiva respecto al éxito	77
22. Cómo enfrentar la presión	80

Dios es responsable por usted

23. Dios tiene la última palabra	85
24. ¿Cómo enfrenta el fracaso un pastor?	87
25. Nuestra ayuda viene del Señor	90
26. Saque fuerzas de su llamamiento	93
27. Los tiempos estériles	96
28. Gracias a Dios por el gozo del ministerio	99
29. El romance del ministerio	102
30. ¡Disfrute de sus éxitos!	105
Notas bibliográficas	108

Prólogo

Y el mismo Jesucristo Señor nuestro, y Dios nuestro Padre, el cual nos amó y nos dio consolación eterna y buena esperanza por gracia, conforte vuestros corazones y os confirme en toda buena palabra y obra.
—2 Tesalonicenses 2:16-17

CUANDO SE ME DIO la oportunidad de ser redactor de *Preacher's Magazine* (Revista del predicador), decidí que procuraría dejar dos marcas distintivas en mi período como redactor.

Primero, esperaba recalcar la importancia de la predicación como nuestro elevado llamamiento. Muchas revistas y escritores religiosos contemporáneos tratan de la importancia de todo lo demás. Yo creo que la predicación sobresale como la prioridad principal para el hombre y la mujer llamados por Dios, y merece nuestro mayor esfuerzo. La predicación bíblica apropiada nutre todo el cuerpo de Cristo, y eso es necesario para tener una iglesia saludable.

Segundo, esperaba recalcar las palabras de ánimo a los pastores. Cualquiera que tenga algún grado de contacto con los pastores en estos tiempos, pronto se da cuenta de que enfrentan presiones sin paralelo. El desánimo, como una niebla, penetra sigilosamente en los peores momentos en la experiencia del pastor. Este siente que lo empujan en diferentes direcciones, y para muchas de las demandas que enfrenta, no ha recibido ninguna preparación formal. Los pastores quizá necesiten algunos incentivos, pero la mayoría de ellos necesitan palabras de ánimo.

Al compartir mis pensamientos con C. Neil Strait, mi compañero en el seminario y amigo de mucho tiempo, decidimos incluir en *Preacher's Magazine* una sección especial, titulada "Pastor, Be Encouraged" (Pastor, no se desanime). El Dr. Strait, con su sólida experiencia pastoral, el liderazgo demostrado como superintendente de distrito y su habilidad como escritor, aceptó esta asignación. Sus palabras de ánimo no brotaban como un poco de aceite derramado sobre aguas turbias. ¡De ninguna manera! El trataba de las luchas que los pastores enfrentan y sienten, pero siempre en el contexto de pasos prácticos que se pueden dar hacia la solución. Cada número del *Preacher's Magazine* ha sido realzado con el discernimiento penetrante y las palabras de aliento y enseñanza del Dr. Strait. Evidentemente su trabajo tocó los corazones y heridas de muchos pastores. Las respuestas de ellos han expresado aprecio por su sensibilidad, gratitud por la ayuda que él ha ofrecido, y la seguridad de que estábamos llenando una clara necesidad.

Con gozo recomiendo la publicación de esta colección pertinente y poderosa de los escritos de C. Neil Strait. Lo felicito por dedicar tiempo y esfuerzo para compartir su conocimiento y sabiduría con un amplio público de lectores. La literatura para los siervos de Dios en el mundo se enriquecerá con esta publicación. Se lo recomiendo a todos los pastores.

—*Randal E. Denny*
Redactor, *Preacher's Magazine*

Introducción

DURANTE CASI 16 AÑOS Dios me ha dado el privilegio de trabajar con pastores. Ha sido una jornada de satisfacciones y revelaciones. Puesto que fui pastor por 19 años, conozco algo de las alegrías y tristezas del pastor. Ciertamente, el trabajo del pastor no se ha hecho más fácil. En realidad, ahora es más complejo, incluye mayores demandas, en ocasiones brinda más o menos satisfacciones, pero sin duda causa más estrés.

En esta era agitada y compleja, los pastores necesitan que se les anime. Son demasiados los que reciben muy pocas palabras de ánimo. Aunque estoy convencido de que 95 por ciento o más de los cristianos laicos desean animar a sus pastores, algunos se dejan atrapar por las actividades y premuras de la iglesia y nunca llegan a hacerlo. Gracias a Dios, existe una hueste de laicos que son grandes animadores. Ellos lo hacen bien y lo hacen a menudo.

Pastor... no se desanime se ha escrito para todos los que están cumpliendo su misión ministerial en el pastorado o que se dedican al evangelismo, al ministerio pastoral en equipo, a la capellanía o a los ministerios paraeclesiásticos. Todos están en el ministerio y saben de los gozos y sufrimientos que se experimentan al ministrar y servir a la gente. Se ha escrito con la esperanza —y profunda oración— de que en estas páginas encuentre una palabra de ánimo o algo que encienda (de nuevo) el fuego del ministerio.

En toda asignación literaria uno siempre necesita dar gracias a otros. Mi agradecimiento especial al Rdo. Randal Earl Denny, redactor de *Preacher's Magazine*, por permitirme compartir algunos de estos capítulos en una columna titulada "Pastor, Be Encouraged". Mi agradecimiento a Christine Freed por sus habilidades secretariales y por copiar el manuscrito para este libro. Mi sincero agradecimiento a aquellos pastores a quienes sirvo, por permitirme ser parte de sus vidas y sus ministerios. ¡No hay mayor privilegio!

Recuerde, mientras lea y mientras trabaje en la viña: ¡Dios es responsable por usted! El le llamó, El le alimentará y El estará con usted en las batallas de la vida. Escuche nuevamente su promesa: "Y yo estoy con vosotros todos los días, hasta el fin del mundo" (Mt. 28:20). Esa es la palabra de Dios para usted.

USTED MARCA UNA DIFERENCIA

1
Mantenga su perspectiva

Tú formaste mis entrañas; me hiciste en el vientre de mi madre. Te alabaré, porque formidables y maravillosas son tus obras; estoy maravillado y mi alma lo sabe muy bien. No fue encubierto de ti mi cuerpo, aunque en oculto fui formado y entretejido en lo más profundo de la tierra. Mi embrión vieron tus ojos, y en tu libro estaban escritas todas aquellas cosas que fueron luego formadas, sin faltar ni una de ellas.
—Salmos 139:13-16

LA MADRE TERESA, ganadora del premio Nobel de la Paz, dedicó toda su vida a animar a la gente. Podemos aprender de ella, quien dijo:

> Al esforzarnos por escuchar las palabras de Dios para nosotros, a menudo dejamos de lado lo que podríamos llamar la "primera palabra" que El nos dio. Se trata del don de nosotros para nosotros mismos: nuestra existencia, nuestra naturaleza, nuestra historia personal, nuestra singularidad, nuestra identidad. Todo lo que tenemos, y por cierto, nuestra existencia misma, es una de las maneras únicas, y que jamás se repetirán, que Dios ha escogido para expresarse a sí mismo en el espacio y el tiempo.[1]

Cada pastor debe tomar en cuenta siempre que Dios le ha dotado singularmente y le ha llamado al ministerio. El llamado del Dios soberano es una razón para celebrar y una fuente de la cual podemos sacar fortaleza en los tiempos difíciles.

La crítica puede erosionar este sentido de singularidad y estilo personal. Puede devastar, desalentar y destruir. Las palabras de la madre Teresa se escribieron para tales situaciones.

Pastor, tenga en mente que nadie tiene la palabra final, ni siquiera la mejor, en cuanto a su ministerio. La crítica con frecuencia es producto de lo que el crítico está sintiendo o la reacción por algún conflicto que esa persona está experimentando. Tal crítica no es válida.

Ante la crítica injusta y sin validez, actúe con cautela y serenidad. No permita que destruya a la persona que Dios ha formado en usted. Reaccionar en forma exagerada, cambiando lo que es usted a fin de satisfacer a todos los críticos, es autodestructivo.

Sin embargo, examine adecuadamente las críticas válidas. Sea objetivo. Hay ocasiones cuando usted está equivocado. Cuando lo esté, la mejor muestra de integridad —y sabiduría— es admitir su error y aprender de él.

Después de cada crítica, considere tres cosas. Primero, ¿tiene razón quien le criticó? Si es así, cambie lo que necesite cambiar y siga adelante con gratitud. Su crítico le ha ayudado. Segundo, si la crítica es infundada o injusta, no discuta ni trate de vengarse. Simplemente ponga fin al asunto y siga adelante. Tercero, durante el proceso, tenga en mente sus dones singulares y su relación segura con Dios. Sobre todo, recuerde que El tiene la palabra mejor y final en cuanto a su ministerio.

Pastor, ¡no se desanime! Dios le ha llamado y le equipará para el ministerio de manera única y significativa. Ponga a los críticos en el altar de su corazón y permita que el Espíritu Santo le ayude a ver los hechos en la perspectiva correcta. La Palabra de Dios en nuestros corazones es como ungüento que calma, sana y ayuda. La confirmación e instrucción de parte de Dios alivian la fuerza y el dolor de las críticas.

2

Usted marca una diferencia

Apacentando Moisés las ovejas de su suegro Jetro, sacerdote de Madián, llevó las ovejas a través del desierto y llegó hasta Horeb, monte de Dios. Allí se le apareció el ángel de Jehová en una llama de fuego, en medio de una zarza. Al fijarse, vio que la zarza ardía en fuego, pero la zarza no se consumía. Entonces Moisés se dijo: "Iré ahora para contemplar esta gran visión, por qué causa la zarza no se quema". Cuando Jehová vio que él iba a mirar, lo llamó de en medio de la zarza: "¡Moisés, Moisés!" "Aquí estoy", respondió él. Dios le dijo: "No te acerques; quita el calzado de tus pies, porque el lugar en que tú estás, tierra santa es". Y añadió: "Yo soy el Dios de tu padre, el Dios de Abraham, el Dios de Isaac y el Dios de Jacob". Entonces Moisés cubrió su rostro, porque tuvo miedo de mirar a Dios. Dijo luego Jehová: "Bien he visto la aflicción de mi pueblo que está en Egipto, y he oído su clamor a causa de sus opresores, pues he conocido sus angustias. Por eso he descendido para librarlos de manos de los egipcios y sacarlos de aquella tierra a una tierra buena y ancha, a una tierra que fluye leche y miel, a los lugares del cananeo, del heteo, del amorreo, del ferezeo, del heveo y del jebuseo. El clamor, pues, de los hijos de Israel ha llegado ante mí, y también he visto la opresión con que los egipcios los oprimen. Ven, por tanto, ahora, y te enviaré al faraón para que saques de Egipto a mi pueblo, a los hijos de Israel".

—Exodo 3:1-10

LEÍ LA HISTORIA de un anciano que, a tempranas horas de la mañana, caminaba por la playa recogiendo estrellas de mar y arrojándolas al océano. Un joven le preguntó qué hacía. El anciano respondió: "Las estrellas de mar que se quedaron en la playa morirán bajo el sol si permanecen aquí".

El joven respondió: "La playa se extiende por cientos de kilómetros y hay millones de estrellas de mar. ¿Acaso cree que marcará una diferencia lo que usted haga?"

El anciano arrojó una estrella de mar al océano y simplemente dijo: "Marcará una diferencia para esa".[2]

Usted y yo debemos recordar que, de alguna manera, todo lo que hacemos marca una diferencia para alguien. En el calor de la batalla, cuando nuestros críticos se han multiplicado y las tropas parecen listas para atacarnos, necesitamos considerar cómo responderemos. Porque, aunque nuestra respuesta le importará muy poco a nuestros críticos, será muy importante para aquellos que creen en nosotros.

Hay tiempos cuando la tarea parece abrumadora. Sólo pensar en lo que debe hacer puede dejarle sin energía y agotar sus recursos. Es entonces cuando quizá enfrente la tentación de preguntarse: "¿Qué diferencia marcará?" Y, honestamente, en muchos casos la diferencia será pequeña. Pero, si algunas tareas marcan una pequeña diferencia aunque sea en una vida, entonces marcan una gran diferencia.

¿Qué pastor o predicador no se ha retirado del púlpito y luego ha enfrentado dudas, preguntándose si su predicación realmente ayudó a la congregación? Sin embargo, las ocasiones cuando recibe palabras de afirmación —por una frase dicha en el momento oportuno, por un pequeño rayo de luz que iluminó a alguien durante la predicación, o por un desafío que levantó el ánimo de alguna persona—, confirman que la predicación realmente marca una diferencia. El impacto logrado en varias personas, en diferentes grados, confirma la validez de la predicación y nos envía de nuevo a nuestra oficina a orar y a buscar otro mensaje del Señor.

Considere los momentos cuando voces negativas —internas o externas— le recuerdan actitudes de oposición, fracasos o aun quejas insignificantes. Estas también son ocasiones cuando quizá se pregunte: "¿Qué diferencia marca todo esto?" Pero, su ministerio es más grande de lo que piensa. Lo que hace, cómo lo hace y las razones por las que lo hace, inspirarán y ayudarán a muchas personas. Su ministerio, aun en los peores momentos, puede marcar una diferencia en la vida y el futuro de alguien. Permita que este pensamiento prevalezca cuando se sienta presionado y su visión respecto al futuro esté borrosa.

La mayoría de nosotros participamos en ministerios en los que marcamos una diferencia en una vida a la vez, en vez de decenas o centenares de personas. ¿No nos recordó Jesús que "hay gozo delante de los ángeles de Dios por un pecador que se arrepiente" (Lucas 15:10)?

Pastor, su ministerio está tocando la vida de alguien. Está marcando una diferencia para alguien, aunque usted no vea la confirmación ni escuche palabras que lo afirmen. ¡Esta es la confianza que tenemos cuando rendimos nuestro ministerio a Cristo!

3

¡Usted es importante!

Ahora, así dice Jehová, Creador tuyo, Jacob, y Formador tuyo, Israel: No temas, porque yo te redimí; te puse nombre, mío eres tú. Cuando pases por las aguas, yo estaré contigo; y si por los ríos, no te anegarán. Cuando pases por el fuego, no te quemarás ni la llama arderá en ti. Porque yo, Jehová, Dios tuyo, el Santo de Israel, soy tu Salvador; a Egipto he dado por tu rescate, a Etiopía y a Seba a cambio de ti.
—Isaías 43:1-3

EN UNA COLUMNA de la revista *Leadership* (Liderazgo), Marshall Shelley comenta acerca de una entrevista a Jack Hayford, autor del canto "Majestad". Este tuvo la oportunidad de visitar la casa donde creció Winston Churchill, en Blenheim Palace, Oxfordshire, Inglaterra. Hayford describió la belleza de los jardines hermosamente cuidados. Mientras salían del jardín de las rosas rumbo a su carro, Hayford le dijo a su esposa: "En un lugar de tal magnificencia, uno comprende por qué alguien que creció aquí fácilmente puede pensar que es una persona con un destino especial. Hay algo en el ambiente que te hace sentir: 'Yo soy importante'".

La visita al lugar donde Churchill pasó su infancia dejó una impresión profunda en Hayford, y de ella brotó la inspiración para su canto "Majestad". Antes que Hayford partiera de Oxfordshire, dijo él respecto a su reflexión: "Pensé en la majestad y dignidad que se nos ha concedido en Cristo. Si el pueblo de Dios lo comprendiera, si pudiera percibir la importancia que posee en El, entonces llegaríamos a estar más conscientes de su propósito para nosotros".[3]

Todo pastor necesita que se le recuerde otra vez su importancia. En medio de las presiones del ministerio pastoral, algunas de las cuales pueden erosionar la autoimagen y visión del pastor, es importante que enfoquemos la atención en el propósito de Dios para nuestras vidas.

¿Cómo puede el pastor mantener una visión saludable de su importancia y propósito? Ante todo, su tiempo de comunión con Dios debe tener la primera prioridad. Aunque casi todos estamos de acuerdo con esta prioridad, muchas veces la remplazamos con las cosas que tenemos que hacer y las innumerables actividades que llenan nuestra vida. Usted no puede amar a la gente, como lo hace un pastor auténtico, sin que ello demande cada vez más de su tiempo. Como resultado, le es difícil mantenerse espiritualmente fuerte y servir a aquellos que están bajo su cuidado.

A pesar del problema del tiempo y las demandas de la gente, nuestro tiempo a solas con Dios es lo único que nos preparará para ofrecer un servicio auténtico a las personas. Sin un tiempo para hablar con El y escucharle, nuestra importancia disminuye y nuestro propósito se desvanece. El Señor no ha creado ningún ministerio que deba extenderse para cubrir todas las necesidades humanas y existir por iniciativa humana. Cuando Dios no está presente como el ingrediente clave para el servicio, entonces la importancia y el propósito pronto disminuyen.

Sólo en los tiempos a solas con Dios, la vida capta la visión más amplia y siente el toque que capacita para servir con dignidad y gozo. Citando las palabras de Hayford: "Hay algo en el ambiente que te hace sentir: 'Yo soy importante'". En la comunión con Dios, el pastor escucha las palabras que necesita escuchar: "Fuiste llamado con un propósito".

Todo pastor, en algún punto de su ministerio, enfrenta crisis, confusión y crítica. Cuando llega la descarga de ataques negativos, es importante que el pastor haya tenido un encuentro fresco y reciente con Dios. Si el pastor se va al trabajo sin alguna palabra de Dios resonando en su corazón, lo negativo erosionará el gozo y disminuirá la importancia del servicio.

El gran pintor Leonardo de Vinci acostumbraba tener pausas prolongadas mientras pintaba. Cuando alguien le preguntó la razón de esas largas pausas, respondió: "Cuando me detuve por más tiempo, tracé las mejores pinceladas".

Pastor, Dios tiene un mensaje para su ministerio que le animará, reavivará su importancia y clarificará su propósito. Tenga en mente el consejo del cuáquero Rufus Jones: "Mantenga una ventana abierta del lado de Dios".

4

Haga su trabajo lo mejor que pueda

*Y todo lo que hagáis, hacedlo de corazón, como
para el Señor y no para los hombres, sabiendo que del Señor
recibiréis la recompensa de la herencia, porque
a Cristo el Señor servís.*
—Colosenses 3:23-24

EN SU LIBRO *Straight Talk for Monday Morning* (Plática franca para el lunes por la mañana), Allan Cox cuenta la historia de Carl Lewis, la estrella olímpica de los Estados Unidos. En las Olimpíadas de 1984 en Los Angeles, Lewis triunfó y fue el héroe del equipo de los Estados Unidos, y esperaba repetir sus triunfos en 1988.

La meta de Lewis en las Olimpíadas de 1988 era ganar la carrera de 100 metros y derrotar a su archirrival canadiense, Ben Johnson. Se había preparado bien y fue a las Olimpíadas de Seúl determinado a ganar. Pero, ese día de septiembre cuando se corrió la carrera, Ben Johnson estableció un nuevo récord mundial al correr los 100 metros en 9.79 segundos. Lewis tuvo que conformarse con el segundo lugar.[4]

Aun en la derrota, Lewis estableció un nuevo récord para los Estados Unidos. Aunque no siempre había sido un buen perdedor, su respuesta en esa ocasión demostró amabilidad y gracia. Dijo: "Corrí lo mejor que pude y ahora debo pensar en la próxima carrera". Además, declaró: "Las Olimpíadas consisten en hacer tu parte lo mejor que puedas, y yo lo hice".[5]

Pastor, ¡el ministerio consiste en desempeñar su trabajo lo mejor que pueda! Sólo de eso somos responsables. Pero, *somos* responsables de eso. Cuando vamos a dormir en la noche sabiendo que ese día hicimos nuestra tarea de la mejor forma posible, estamos en paz con nosotros mismos. No podemos hacer más.

¿Cuáles son los beneficios de hacer el trabajo lo mejor posible?

Primero, tiene la aprobación de Dios. ¿Qué más necesita? Si cuenta con la aprobación divina para el ministerio, posee paz interna y seguridad para enfrentar cualquier batalla, soportar cualquier crisis y emprender cualquier tarea. Conformarse con menos es principiar el descenso al valle cuando aumentan las luchas internas, cuando se deterioran las relaciones y cuando surgen las crisis. Un modo de mantenerse animado es desear la aprobación de Dios en su ministerio.

Segundo, tiene su propia aprobación. Sus momentos más desalentadores llegan cuando no ha realizado algo de la mejor forma posible. Eso afecta su autoestima y hace que pierda la motivación para seguir adelante. En tales circunstancias, el pastor llega a ser su peor enemigo. Cuando libra una batalla con usted mismo, el conflicto se extiende a otras áreas de la vida: su matrimonio, su ministerio, sus relaciones.

Tercero, tiene la aprobación de aquellos a quienes usted ministra. Por lo general, la gente no quiere ni espera perfección en su pastor. Sin embargo, quiere y tiene el derecho de esperar que desempeñe su ministerio de la mejor manera. El 95 por ciento (o más) de los laicos son personas amables que apoyan, entienden y animan a su pastor. Caminan la milla extra mucho más a menudo de lo que se reconoce. Aman a su pastor, aunque se sientan desilusionados cuando él los decepciona. Pero, para el pastor que hace su trabajo lo mejor posible, ellos están allí, esperando para animarle, apoyarlo y aplaudirle.

Cuarto, si ha hecho el trabajo lo mejor posible, usted está preparado para enfrentar las críticas y las crisis. A menudo las personas que no han cumplido cabalmente su responsabilidad, ya sean pastores o laicos, responden motivados por la culpa en el tiempo de crisis. Han perdido su autoestima; por lo cual, su seguridad se ve amenazada por la crítica. En tiempo de crisis, sus emociones están afectadas y responden en forma defensiva en lugar de razonar. Pero, el deseo de hacer nuestro trabajo lo mejor posible es un freno positivo a la crítica y a la crisis. Ocasionalmente parece que lo mejor en nosotros no es suficiente para algunas personas. Cuando esto sucede, la seguridad en su corazón le equipa mejor para responder a sus críticos, resolver la crisis y seguir adelante con un ministerio significativo.

Quinto, cuando trabaja lo mejor posible, tiene mayores posibilidades de lograr crecimiento, aprender y tener éxito. Cuando se compromete a hacer lo mejor, amplía su mente y corazón; aprende nuevas y mejores formas de trabajo, y desarrolla una profunda dependencia de Dios. Esta búsqueda enriquece su vida, desarrollando sus habilidades, profundizando su carácter y ampliando su potencial. A través de tales procesos de crecimiento usted está mejor equipado, no sólo para brindar excelencia al ministerio, sino también para tener recursos para los tiempos difíciles.

Sexto, al hacer el trabajo lo mejor posible, usted recibe los beneficios de su labor. Cuando el pastor realiza su labor con excelencia, ve vidas que cambian en maneras asombrosas. Tal pastor ve crecimiento en aquellos a quienes sirve, puesto que su determinación a trabajar con excelencia es un desafío para otros.

Pastor, comprométase a hacer el mejor trabajo posible en el ministerio. Dedique tiempo a orar, preparar y planear actividades que le llevarán a la excelencia y lo capacitarán para un ministerio más grande. Organice su tiempo para dedicarse a los ministerios prioritarios, en lugar de perder momentos preciosos en asuntos triviales y no esenciales. Sentirá ánimo al dar lo mejor al ministerio. Su corazón responderá a tal servicio con satisfacción y paz. Esto le motivará para el ministerio y el crecimiento futuros.

5

La actitud es crucial

Haya, pues, en vosotros este sentir que hubo también en Cristo Jesús: Él, siendo en forma de Dios, no estimó el ser igual a Dios como cosa a que aferrarse, sino que se despojó a sí mismo, tomó la forma de siervo y se hizo semejante a los hombres. Mas aún, hallándose en la condición de hombre, se humilló a sí mismo, haciéndose obediente hasta la muerte, y muerte de cruz.
—Filipenses 2:5-8

LA ACTITUD ES una parte importante de la vida. Ya sea en el trabajo, las relaciones o las circunstancias, la actitud siempre es un factor crucial. Es especialmente importante en el ministerio pastoral. La razón, en parte, es que ninguna otra ocupación involucra trabajar con voluntarios tal como ocurre en el ministerio. Cuando el ministerio cambia —y lo ha hecho en los últimos cinco o diez años—, la actitud sigue siendo el único factor constante.

Como todo pastor sabe, la actitud es el factor que afecta el estado de ánimo en la iglesia local, quizá más que las finanzas, la necesidad de un templo y muchas otras cosas. Está presente como una influencia positiva o negativa en cada situación. Consideremos algunos factores principales acerca de la actitud.

Primero, las actitudes pueden ser muy positivas. Todos los pastores aprecian un espíritu optimista y alegre en su congregación. Este hace que pastorear dé gozo y estimula el compañerismo. Pastor, beba abundantemente de la fuente de las personas positivas. Anímese con el apoyo, las actitudes y el servicio que ofrecen. Edifíquelas y preocúpese por ellas, y asegúrese de no descuidarlas. Hágales saber que las aprecia y ore para que haya más personas como ellas.

Segundo, las actitudes a veces serán negativas y divisivas. Todo pastor las enfrenta en alguna ocasión. Las actitudes negativas pueden desbaratar el mejor programa, desviar algo bueno y destruir lo que llevó años edificar. Estas actitudes pueden ser carnales, pecaminosas y trágicas, pero a menudo decimos muy poco de ellas por temor a herir los sentimientos de alguien. Así que, si hay una persona con mala actitud, caminamos de puntillas alrededor de ella, aferrándonos a la esperanza de que todo se mantenga como está. Con demasiada frecuencia la iglesia se convierte en rehén de las actitudes negativas y destructivas.

Las actitudes negativas han estado con la iglesia desde sus inicios. Nada que usted y yo hagamos las eliminará. Desarrolle una estrategia para edificar al grupo positivo y no se deje dominar por la influencia del grupo negativo. Por supuesto, es más fácil decir esto que hacerlo. Pero, no ganará nada si adopta también actitudes negativas o si permite que lo empujen a buscar venganza. Cuide que el pesimismo no afecte su ministerio y el ministerio de la iglesia. Una palabra negativa nunca es buena para la iglesia, y ciertamente no es la última palabra.

A un niño lisiado le preguntaron cómo podía enfrentar la vida y aceptarla a pesar de estar desvalido a causa de su enfermedad. El niño respondió: "La enfermedad nunca tocó mi corazón".

Pastor, no permita que las actitudes negativas toquen su corazón y espíritu.

Tercero, las actitudes determinan las relaciones. Hace años ayudé a una iglesia a encontrar pastor. Realmente yo pensaba que el nuevo pastor estaba menos capacitado para el ministerio que el que estaba saliendo. Para mi sorpresa, la iglesia tuvo un gran crecimiento. Cuando me reuní con la junta de la iglesia durante mi visita anual, me dijeron:

"Sabemos que él nos ama. Se interesa en nosotros. Tiene una gran actitud". Esta actitud le había servido de entrada a sus vidas y le abrió el camino para un ministerio efectivo. Aunque el otro pastor estaba "más calificado", su actitud había bloqueado y detenido sus talentos. Pastor, si su actitud expresa interés y amor, si es positiva y ofrece ayuda, le permitirá desarrollar buenas relaciones con la gente de su iglesia.

Cuarto, las actitudes correctas siempre deben estar enfocadas en el propósito principal. Frecuentemente pasamos por alto el objetivo principal de nuestro ministerio porque quedamos atrapados en el torbellino emocional de algo más trivial.

Escuché de un hombre que fue a Londres para realizar una gira por los lugares relacionados con la historia de Wesley y hacer un trabajo de investigación en las universidades. ¡Era una oportunidad única en la vida! Sin embargo, cuando regresó a su país, de lo único que hablaba era que no había podido abrir la ventana del hotel en Londres. Nunca mencionó las grandes "caminatas con Wesley" ni la belleza del país. Lo que recordaba del viaje era una ventana atorada.

Los pastores tienen que cuidar sus reacciones a las actitudes, las personas y los eventos. Mil cosas surgirán para tentarlo a ser negativo y vengativo, pero la misión de su trabajo lo invita a mirar por encima de la batalla actual, para ver la meta que consiste en influencia, amor, cuidado y ministerio.

Ernest Campbell dijo en uno de sus libros que "realmente no importa si una acción es productiva o popular, si es práctica o realista, si es bien recibida por una ciudad o una nación. Lo único que importa siempre es si se puede entender que esa acción sigue a Jesucristo".[6]

Así que, pastor, ame a aquellos que quizá no inspiren amor, entendiendo que su "obra de amor" es su ministerio, y que la verdadera fortaleza proviene de Dios y de su gente positiva (1 Ts. 1:3).

6

Una forma segura de ser feliz

Igualmente, jóvenes, estad sujetos a los ancianos; y todos, sumisos unos a otros, revestíos de humildad, porque "Dios resiste a los soberbios, y da gracia a los humildes" Humillaos, pues, bajo la poderosa mano de Dios, para que él os exalte a su debido tiempo.
—1 Pedro 5:5-6

A KARL MENNINGER, el gran siquiatra, se le preguntó en una ocasión qué ayuda ofrecería a una persona solitaria e infeliz. Dijo: "Salga de su casa y cierre la puerta, cruce la calle, encuentre a alguien que esté sufriendo y ayúdelo".[7]

Todos en algún momento de nuestra vida enfrentamos crisis y crítica. La infelicidad toca a la puerta. ¿Qué debe hacer el pastor?

Hace años, mientras estaba en el ministerio pastoral, pasé por un tiempo difícil. Procuraba resolver algunas crisis, solucionar un problema en el equipo pastoral y aclarar un malentendido entre dos amigos. Un día, mientras estaba sentado frente a mi escritorio, se me ocurrió que lo que necesitaba era un cambio de ambiente.

Pensé en tres personas de mi congregación que estaban pasando por tiempos difíciles. El primero era un joven que se había metido en problemas con la ley. El segundo, un anciano, había perdido mucho dinero en una inversión. El tercero perdió el empleo y eso había destruido su autoimagen. En un día visité a cada uno de ellos y traté de llevar a Jesús a sus vidas. Fue un día largo y agotador. Pero, cuando llegué a mi casa, poco antes de la medianoche, sentí que había ministrado en el nombre de Jesús. Para mí fue terapéutico.

La siguiente mañana, después de mi tiempo devocional, hice una decisión que impactó el resto de mi ministerio pastoral. Cada lunes, al principiar la semana, me hacía tres preguntas mientras organizaba mi horario para cada día: (1) ¿Quién está sufriendo y necesita a su pastor? (2) ¿Quién estuvo ausente y lo debo visitar? (3) ¿Quién necesita una palabra de ánimo? Esto revolucionó mi manera de pensar, orar y planear. Me sentía mejor respecto a mí mismo y, como consecuencia, podía enfrentar mejor los problemas.

Considere estas tres observaciones respecto al consejo de Menninger:

1. Si enfocamos nuestra atención en los problemas por mucho tiempo, desarrollamos el "síndrome de problemas". El negativismo penetra sigilosamente y rechaza toda posibilidad positiva.

2. Cuando enfocamos la atención en otros, nuestros problemas parecen pequeños. Mientras manejaba a casa esa noche, después de visitar a las tres personas que tenían necesidades profundas, los problemas que yo enfrentaba me parecieron más pequeños que el día anterior.

3. Creo que un principio espiritual está en acción cuando servimos y ayudamos a otros. Pienso que es parte de la enseñanza de nuestro Señor: "Dad y se os dará" (Lc. 6:38). Muchas veces interpretamos estas palabras como si se refirieran a dinero o alguna ganancia material. Pienso, más bien, que se puede interpretar que Dios nos dará su presencia, fortaleza y cuidado.

Pastor, quizá se encuentre abrumado de problemas, al punto de que todas las posibilidades parecen estar bloqueadas. Pero, quizá lo que necesite sea "salir de su casa, cerrar la puerta, cruzar la calle, encontrar a alguien que esté sufriendo y ayudarle". Recuerde, cuando lo hace, el Dios de toda gracia y consolación va con usted.

EL DESAFÍO DEL MINISTERIO

7

El alma de la iglesia

> *Y llamando a la gente y a sus discípulos, les dijo:*
> *Si alguno quiere venir en pos de mí, niéguese a sí mismo,*
> *tome su cruz y sígame. Todo el que quiera salvar su vida,*
> *la perderá; y todo el que pierda su vida por causa de mí y*
> *del evangelio, la salvará.*
> —Marcos 8:34-35

RECIENTEMENTE LEÍ algo que me animó. Afirmaba que el alma y la fuerza de la iglesia están en las personas cuyos trabajos no son prominentes o atractivos, pero que se mantienen firmes en medio de las circunstancias adversas, siguen adelante, superan las tormentas y animan al pastor a seguir. Cada pastor necesita miembros como estos y da gracias a Dios con frecuencia cuando los encuentra.

En "Waking from the American Dream" (Despertando del sueño americano), Don McCullough cuenta una historia acerca de Winston Churchill durante la Segunda Guerra Mundial. Churchill convocó a los líderes laborales a una reunión con el propósito de obtener su apoyo. Al final de su presentación, les pidió que mentalmente imaginaran un desfile que él sabía que se llevaría a cabo en el Circo Piccadilly después de la guerra. Primero, dijo, estarían los marinos que habían mantenido abiertas las rutas marítimas vitales. Después seguirían los soldados que regresaron de Dunkirk y partieron luego a derrotar a Rommel en Africa. Detrás estarían los pilotos que habían eliminado de los cielos a los aviones Luftwaffe.

"Finalmente", dijo, "seguiría una larga fila de hombres con cascos de mineros, manchados de hollín y transpiración. Alguien gritará de entre la multitud: '¿Dónde estaban ustedes durante los días críticos de batalla?' Y de diez mil gargantas brotaría la respuesta: 'Estábamos en la profundidad de la tierra con nuestros rostros en el carbón'".[8]

No hay nada atractivo en un trabajo donde la persona debe tener el "rostro en el carbón". Pero, que quede esto muy claro: Sin la gente que mantiene el "rostro en el carbón", no hay ningún trabajo atractivo para los demás, no hay prominencia; de hecho, ¡no hay iglesia!

Al observar la iglesia, más y más aprecio a las personas que tienen el "rostro en el carbón". Sin ellas, no recogeríamos dinero para las misiones o el ministerio; no tendríamos campañas de avivamiento; no construiríamos templos; no podríamos pagar el salario del pastor. Ellas son el alma y la fuerza de la iglesia, y alguien tiene que reconocer su arduo trabajo y fidelidad.

Pastor, su futuro y el mío dependen de las personas que tienen sus "rostros en el carbón". Ellas son la "sal de la tierra". Puesto que están ocupadas en las trincheras, no tienen tiempo de criticar. Puesto que están realizando su tarea, ven a cada ministro de Dios como pastor y compañero en una gran misión.

Pastor, debe sentirse animado por aquellos que tienen sus "rostros en el carbón". Son los verdaderos héroes. Ellos, manchados por el sudor, esperan su liderazgo. Oran por usted, lo aman, lo apoyan. Cuando hay cuentas que pagar, ellos las pagan. Cuando se necesita reunir dinero para el presupuesto, ellos lo hacen. Luego, en silencio regresan a sus labores, regocijándose y esperando mejores días.

¡Mire alrededor, pastor! Hay más gente con "rostros en el carbón" que de la otra clase. Ellos están de su lado, llevando la carga, apoyándolo en oración, siendo discípulos de Jesús cuando es importante. Dé gracias a Dios por ellos.

8

Buen consejo para los primeros años

Conoce, pues, que Jehová, tu Dios, es Dios, Dios fiel, que guarda el pacto y la misericordia a los que le aman y guardan sus mandamientos, hasta por mil generaciones.
—Deuteronomio 7:9

UNO DE LOS PRIVILEGIOS que tenemos como miembros de la familia de Dios es que recibimos consejo piadoso de personas que nos aman. En los inicios de mi ministerio pastoral recibí severas críticas de una pareja de mi congregación. Fue devastador. Recurrí entonces a un pastor veterano en busca de consejo y dirección.

Este pastor, el Rdo. Bob Weathers, escuchó mi clamor en busca de ayuda. Sin decir que estaba de acuerdo con mis críticos —lo cual él podría haber hecho—, me escuchó con empatía e interés. Jamás olvidaré su consejo: "Nunca permitas que lo que dice una persona sea la última palabra respecto a tu ministerio". Era lo que yo necesitaba en ese momento. Me ayudó a examinar mi dilema objetivamente y me animó a seguir adelante.

A través de los años, en varias ocasiones este consejo me brindó fortaleza y ánimo. He reflexionado mucho en la declaración de mi amigo. Permítame compartir con usted algunos de mis pensamientos.

Primero, "nunca permitas que lo que dice una persona sea la última palabra respecto a tu ministerio" es un buen consejo, porque nadie conoce todos los datos en cuanto a lo que está criticando. A menudo le recuerdo a las congregaciones, y a las juntas de las iglesias, que el pastor debe tomar en cuenta a toda la iglesia y considerar a todas las personas al hacer planes, tomar decisiones y dar respuestas. Pero, los laicos con frecuencia ven las cosas de manera unidimensional. Si una persona tiene conocimiento y comprensión limitados acerca de un asunto, quizá sus ideas al respecto no sean válidas.

Segundo, recuerde que muchas cosas pueden influir en el punto de vista de una persona acerca de nuestro ministerio. Lo que yo no entendía en aquellos primeros años —pero mi mentor sabía muy bien— era que muchas veces las personas tienen sus propias metas. Ellas también tienen sueños. A veces nuestros críticos más severos son buenas personas que quieren, tanto como nosotros, que la obra de Dios progrese. Por tanto, es fácil que esas buenas personas interpreten el plan o los métodos de un pastor como algo que destruirá los sueños que ellas tienen. Recuerde que todos deseamos llegar a la misma meta, pero por carriles diferentes.

Tercero, recuerde que muchas veces las críticas contra el ministerio de un pastor brotan de ira reprimida, de desilusiones, de algún fracaso personal o de una experiencia dolorosa. Motivadas por esas heridas, las personas atacan a otras porque el depósito se ha llenado hasta rebalsar. Frecuentemente están enojadas con Dios por algún evento o experiencia. El que recibe el veneno es el pastor, a quien la gente considera como representante de Dios. De nuevo, si recordamos que esa ira que ha desbordado no es la palabra definitiva respecto a nuestro ministerio, sobreviviremos el ataque.

Cuarto, recuerde que a algunos, por naturaleza, les gusta criticar. Me acuerdo de un incidente que ocurrió hace varios años, mientras salía de una reunión con la junta en la que el pastor había recibido duros ataques de una persona. Fue algo inesperado, porque la iglesia estaba creciendo y todo parecía marchar bien. El hijo de la persona que había atacado al pastor me siguió al carro y, con lágrimas en los ojos, dijo: "A mi mamá le gusta criticar por naturaleza. Por favor, comprenda. Es una buena mujer, pero parece que siempre tiene que encontrar algo que criticar. Ore por ella". Puse mi brazo alrededor del hijo y oramos juntos. ¡Qué trágica historia de muchos que han desarrollado el hábito de criticar y encontrar errores!

Quinto, recuerde que Dios tiene la palabra final y mejor acerca de su ministerio. El le ha llamado a su servicio. El lo preparará y animará para servir, ministrar, amar y cuidar a las personas. Esto significa que, en ocasiones, tenemos que llevarle a Dios nuestra autoimagen destrozada y dejar que sea bañada en la presencia y en la Palabra de Aquel que nos llamó y nos sostendrá.

Habrá tiempos cuando usted y yo tendremos que llevarle a Dios los pensamientos y las palabras de nuestros críticos, a fin de que El nos dé su perspectiva. Pienso que siempre es válido preguntarnos: "¿Qué puedo aprender de esto?" "¿Tiene razón esta persona?" "¿Están ellos en lo correcto?" Quizá Dios nos esté diciendo algo a través de la prueba. Es peligroso suponer que toda crítica está equivocada. En algún momento del proceso debemos distinguir la razón o la enseñanza esencial, y aprender de nuestras peores experiencias.

Pastor, lo que dice una persona respecto a su ministerio nunca es la palabra final. Sólo la Palabra y la guía de Dios nos sostiene, nos fortalece y nos moldea para un ministerio de amor y dedicación. Gracias, amigo, por el consejo que ha perdurado toda una vida.

9

Recuerde las ocasiones gozosas

Regocijaos en el Señor siempre. Otra vez digo: ¡Regocijaos! Vuestra gentileza sea conocida de todos los hombres. El Señor está cerca. Por nada estéis angustiados, sino sean conocidas vuestras peticiones delante de Dios en toda oración y ruego, con acción de gracias. Y la paz de Dios, que sobrepasa todo entendimiento, guardará vuestros corazones y vuestros pensamientos en Cristo Jesús.
—Filipenses 4:4-7

NUESTRA MEMORIA funciona en forma paradójica A veces. Podemos recordar lo triste, lo negativo y los fracasos, pero demasiado pronto olvidamos lo alegre, lo positivo y los éxitos. A los pastores les sucede lo mismo. Las heridas aguijonean por más tiempo que las experiencias ordinarias, mientras que las alegrías se desvanecen con los episodios continuos de la vida.

Un buen consejo para el pastor es que procure recordar las ocasiones gozosas del ministerio. Grábelas en su mente como puntos de referencia. Saboréelas para los tiempos difíciles. Saque inspiración y fortaleza de ellas cuando camine por los senderos estrechos y tensos del ministerio.

Hace unos meses le envié a un pastor una carta para animarlo porque supe que había pasado unas semanas difíciles. El es un pastor dedicado que ha hecho un trabajo excelente en su iglesia. Se preocupa por la gente y ofrece buen liderato a su rebaño. Sin embargo, la baja que sufrió la economía en la comunidad produjo una crisis en su iglesia, puesto que varios miembros tuvieron que trasladarse para obtener trabajo. El éxodo estaba afectando al pastor y su congregación. Traté de animarlo con mi carta, afirmando su ministerio y sus esfuerzos.

Su respuesta fue una carta que atesoraré por mucho tiempo. "Jamás sabrá lo que su carta significó para mí", escribió. "El momento en que la recibí no pudo haber sido mejor. He puesto su carta en un lugar donde cada mañana me recuerda que alguien se preocupa por mí, cree en mí y afirma mi ministerio".

Al dejar la carta sobre mi escritorio, me detuve a orar por este pastor, pidiendo que en medio de la triste situación en la que trabajaba, pudiera recordar los momentos gozosos del ministerio. Oré para que recordara al joven que se había arrodillado en el altar hacía apenas unas semanas, o la respuesta favorable que había recibido por un ministerio innovador, y la carta que me había mostrado, escrita por un hombre de su iglesia a quien él había ministrado.

El pastor debe recordar los buenos tiempos del ministerio, las ocasiones gozosas, las experiencias valiosas, los momentos sublimes en el servicio. ¡Hay victorias! Dios vive y está trabajando en su iglesia.

Considere estas estrategias para el ministerio que nos ayudan a mantener en la perspectiva correcta tanto lo gozoso como lo desagradable:

Primero, no descuide su vida devocional y de oración. Todavía no se ha encontrado algo mejor que las devociones y la oración personales. Quizá encontremos mejores maneras de llevar a cabo estas disciplinas espirituales, pero nada mejor puede remplazarlas. Los tiempos de oración y lectura de la Biblia le dan a Dios la oportunidad de poner los eventos y experiencias del ministerio en la perspectiva correcta. Los momentos con Dios le dan al Espíritu Santo la ocasión de ser nuestro Paracleto —de estar a nuestro lado en nuestras experiencias, especialmente las difíciles, y ser Aquel que nos ayuda, anima, capacita y fortalece—, lo único que necesitamos para enfrentar el ministerio de manera eficaz. La oración le da a Dios la oportunidad de tener parte en nuestro ministerio.

Segundo, recuerde que el enfoque mental determina su actitud. Si enfoca sus pensamientos en todo lo que no está resultando bien, puede convertirse en temor y paralizarle. La mejor estrategia es permanecer positivos, pensar en soluciones, recordar que no todo es malo. Una actitud positiva mantiene la esperanza viva y estimula su potencial. Cada pastor escoge su actitud. Esta decisión puede determinar el futuro.

Tercero, acepte que el fracaso es sólo parte de una historia. Rehúse aceptar el fracaso como la palabra final. A menudo la belleza surge de las cenizas, el éxito emerge del fracaso, y el gozo brota de la tristeza. Mantenga en su mente y corazón una referencia de los éxitos. Encuentre la manera de tratar con el fracaso, de controlar sus impulsos, de impedir que lo domine. Dios nos invita a hacer uso de sus recursos. Las palabras de Jeremías son un recordatorio fresco de esto: "Clama a mí y yo te responderé, y te enseñaré cosas grandes y ocultas que tú no conoces" (33:3).

¿Qué escoge recordar de su ministerio de esta semana pasada, de hace un mes o un año? Cultive un corazón agradecido, y guarde un libro de recuerdos de lo bueno. Llegará a ser una ayuda para los tiempos difíciles.

10
Aprendamos del Maestro

Venid a mí todos los que estáis trabajados y cargados, y yo os haré descansar. Llevad mi yugo sobre vosotros y aprended de mí, que soy manso y humilde de corazón, y hallaréis descanso para vuestras almas, porque mi yugo es fácil y ligera mi carga.
—Mateo 11:28-30

JOHN HENRY JOWETT, en uno de sus devocionales, recoge una de las descripciones de Jesús en el Evangelio de Marcos: "Enseñaba a sus discípulos" (9:31). Jowett escribe: "Y mi Señor me enseñará. Me guiará a 'las cosas profundas' de Dios. Sólo hay una escuela para esta clase de aprendizaje; un santo de la antigüedad la llamó la Academia del Amor y se reúne en el Getsemaní y en el Calvario, y el Señor mismo es el Maestro, y hay lugar en la escuela para usted y para mí".[9]

La vida es una experiencia de aprendizaje. El privilegio que tenemos, como discípulos de Jesús, es que El es nuestro Maestro. Eso significa que Aquel que nos llamó al ministerio también será el que nos enseñará cómo ministrar. Es un pensamiento rico en consuelo y fortaleza.

¿Qué significa esto para nosotros en el ministerio?

Primero, significa que cuando experimentamos fracasos, errores, problemas y crisis, no es el fin del camino. Jesús, el Maestro, puede tomar los fracasos, errores, problemas y crisis, y enseñarnos en medio de ellos. Es así como El provee orden en medio del caos, belleza de las cenizas, esperanza de la desesperación. Es lo que ha hecho Dios siempre: Tomar lo peor, lo más oscuro, lo que tiene menos esperanza, y escribir un nuevo capítulo.

Así que, durante la próxima crisis que enfrente, recuerde que es la materia prima para el trabajo de Dios. Lleve sus luchas al Señor e inscríbase en su Academia del Amor para tomar un curso sobre victoria y triunfo. El siempre está listo para dirigir a sus hijos a mejores días y empezar de nuevo.

Segundo, significa que todos estamos en la etapa de desarrollo. Me encanta la canción infantil que dice: "El todavía está trabajando en mí". El secreto del crecimiento personal es permitir que El sea el Maestro. Muchas veces otras voces trazan nuestro sendero y otros maestros nos parecen más interesantes. Para realizar su tarea en el ministerio, debe asegurarse de que la única Voz que escucha y el único Maestro que sigue es Jesús. Cuando usted le rinde a El su voluntad y su mente alerta, El puede hacer el trabajo de perfeccionamiento y hacerle su discípulo.

Tercero, significa que como Maestro, Jesús acepta con agrado nuestras preguntas, nuestras frustraciones, nuestras dudas, porque sólo cuando se las expresemos, encontraremos la verdad. A un buen maestro le agrada la mente inquisitiva, el corazón que lo examina todo, y el discípulo que busca respuestas. ¡Así es Jesús! A El le agrada nuestra búsqueda en su Academia del Amor, porque El es "el camino, la verdad y la vida" (Jn. 14:6).

Jowett concluyó su pensamiento devocional con esta exhortación: "Aquellos que deseen ser grandes eruditos en esta escuela, tienen que llegar a ser 'como niños'. Es por medio del espíritu semejante al de un niño que obtenemos sabiduría semejante a la de Dios".[10]

Pastor, ¡anímese! Nuestro Maestro y Pastor sabe cómo cruzar las tierras bajas, y lo conducirá a un lugar mejor, donde brilla la verdad de Dios y su amor consuela y sana las heridas. Las lecciones en el Getsemaní y el Calvario a veces son dolorosas, pero nos capacitan para el ministerio y el servicio. Jesús nos dio ejemplo al recibir esas mismas lecciones, y El espera para enseñárnoslas.

11

El desafío del ministerio

El Espíritu de Jehová, el Señor, está sobre mí, porque me ha ungido Jehová. Me ha enviado a predicar buenas noticias a los pobres, a vendar a los quebrantados de corazón, a publicar libertad a los cautivos y a los prisioneros apertura de la cárcel; a proclamar el año de la buena voluntad de Jehová y el día de la venganza del Dios nuestro; a consolar a todos los que están de luto; a ordenar que a los afligidos de Sión se les dé esplendor en lugar de ceniza, aceite de gozo en lugar de luto, manto de alegría en lugar del espíritu angustiado. Serán llamados "Arboles de justicia", "Plantío de Jehová", para gloria suya.
—Isaías 61:1-3

DUDO QUE EN ALGUNA ÉPOCA el ministerio haya sido fácil. Cada período y cultura ha presentado desafíos singulares para el pastor. Pero, nuestros tiempos quizá sean más complejos por factores que ninguna otra época tuvo que enfrentar. H. B. London Jr. y Neil B. Wiseman, al escribir en su libro *Pastors at Risk* (Pastores en riesgo), declaran:

> Ser pastor es más difícil ahora que nunca antes. Cambios sin precedente en las condiciones morales, sociales y económicas están deteniendo el avance de las congregaciones y poniendo en tela de duda la manera en que se realiza el ministerio. Estas circunstancias y valores cambiantes afectan directamente a los pastores y su estilo de vida. Muchas dificultades apremiantes contemporáneas se desconocían en los primeros períodos de la historia cristiana.[11]

Hay dos maneras en que podemos enfrentar los desafíos del ministerio: podemos reaccionar o podemos responder. Cuando reaccionamos, nos encaminamos a la amargura y al fracaso. Pero, cuando respondemos, somos positivos, creativos y fieles. Demos una mirada positiva a los desafíos.

Su trabajo es arduo. Pastorear no es fácil. Como resultado, le brinda la oportunidad de desarrollarse, aprender, ampliar sus horizontes, y luego, ser creativo. Todas estas respuestas son buenas para la persona y, por lo tanto, son buenas para su ministerio. Le fuerzan a extender su repertorio de conocimiento y pericia. Las respuestas de hace unos años —e incluso de hace unas semanas— ya no son pertinentes y útiles. Tiene que leer, observar, mantenerse al día, expandirse y ampliar su visión si desea tener un ministerio satisfactorio.

En cualquier semana, aun en la iglesia más pequeña, si el pastor enumerara los asuntos que reclaman su atención, podría demostrar que los desafíos sobrepasan sus habilidades. Los males sociales, el problema del abuso (mental, físico, sexual), las adicciones, la amargura, la soledad y muchos otros problemas demandan el tiempo y las habilidades del pastor. Eugene H. Peterson imagina la escena de la siguiente manera: "Habitamos en una atmósfera tan llena de premuras y demandas. Los pastores realizan su trabajo en medio del tráfico congestionado y el ruido del sufrimiento de las personas, un tráfico peligroso por las violentas ambiciones y las urgencias imprudentes, atestado de gente decidida a llegar a su destino, y que reacciona con ira y frustración si otros obstaculizan su paso".[12]

Pastor, cada semana usted predica a personas cuyas vidas siguen una rutina monótona. Ellas con gusto cambiarían de lugar con usted. Usted ministra a personas que trabajan cada día haciendo lo que han hecho por años; que tienen muy poca oportunidad, o ninguna, de ampliar sus horizontes y expandir sus mentes. A ellas les agradaría enfrentar desafíos y la oportunidad de variar de actividad. Dé gracias por el desafío de su trabajo.

Su carácter está a prueba. ¿Debe dar gracias por esto? Sí. El trabajo del ministerio pastoral, o el ministerio en cualquier nivel, prueba nuestro carácter e integridad. A causa de Aquel a quien pertenecemos y el llamado que nos ha hecho, tenemos el mandato de vivir en santidad e integridad. Deberíamos vivir de esta manera cualquiera que fuera nuestra ocupación. Pero, debido a los desafíos singulares del ministerio, somos probados más allá de lo ordinario. Tal prueba puede ayudar a mantenernos alertas, atentos y sensibles.

El desafío respecto al carácter ciertamente requiere que usted mantenga su vida espiritual en orden. Aunque no creo que Dios tenga "más gracia" para los pastores que para las demás personas, sí estoy convencido de que los pastores deben vivir con un mayor sentido de dependencia en El.

Parece que nuevas tentaciones surgen cada semana. Se presenta la tentación de lograr éxito, de ganar más dinero, de comprometer nuestra vida moral, de tergiversar la verdad a nuestro favor. Todas prueban el carácter y la integridad del pastor. Cuando usted las resiste, cuando las supera y las vence, es una persona más fuerte y, como consecuencia, un mejor pastor.

Su futuro en el ministerio está en juego. Quizá el desafío que produce más tensiones al pastor es saber que su ministerio siempre parece estar "en peligro". Puesto que el pastor es una persona tan pública, hay riesgos y áreas peligrosas. El desafío, pues, es realizar el ministerio con excelencia, consagración y confianza. No es del todo malo que el pastor tenga que trabajar cada día sabiendo que su futuro está en juego. Decimos esto porque, estar consciente de tal riesgo produce la motivación para crecer, para hacer el mejor trabajo posible, para "procurar la excelencia". Tales motivaciones ayudan no sólo a tener un futuro más seguro, sino también un presente más satisfactorio.

Pastor, su trabajo demanda mucho, es arduo, casi imposible. Pero, si responde a los desafíos dependiendo de la dirección y ayuda de Dios, El le capacitará para llevar a cabo un ministerio significativo. Reciba cada desafío como una oportunidad, ¡y observe cómo trabaja Dios!

12

Tácticas de supervivencia

No temas, porque yo estoy contigo; no desmayes, porque yo soy tu Dios que te esfuerzo; siempre te ayudaré, siempre te sustentaré con la diestra de mi justicia. He aquí que todos los que se enojan contra ti serán avergonzados y confundidos; serán como nada y perecerán los que contienden contigo... Porque yo Jehová soy tu Dios, quien te sostiene de tu mano derecha y te dice: "No temas, yo te ayudo".
—Isaías 41:10-11, 13

ME GUSTA EL TÍTULO del reciente libro de Stan Toler, *God Has Never Failed Me, but He's Sure Scared Me to Death a Few Times* (Dios nunca me ha fallado, pero me ha dado buenos sustos algunas veces).[13] No hay pastor que no se identifique con este pensamiento. El ministerio puede infundir temor.

Nadie le puede dar un plan para eliminar los momentos de susto en el ministerio. No existe protección contra ellos, no hay estrategias infalibles ni un libro que resuelva todos los problemas. Pero, Dios ha dado a cada uno recursos internos que, si los usamos propiamente, nos fortalecerán en esos momentos de temor y nos ayudarán a sobrevivir.

Considere las siguientes tácticas de supervivencia cuando esté en la línea de batalla:

Ore. Dios escucha sus oraciones aun cuando usted esté asustado, frustrado, confundido, enojado y listo para renunciar. Puesto que vivimos con un rostro ministerial la mayor parte del tiempo, a veces nos es difícil ser honestos delante de Dios y todavía creer que El escucha nuestras oraciones. Pero, El ve y comprende el dolor. No cese de orar. "Un pueblo que puede orar jamás será vencido", escribió Charles Spurgeon, "porque sus fuerzas de reserva jamás se pueden agotar".

Sea positivo. Ya hemos mencionado esto previamente. Los momentos difíciles y desagradables del ministerio pueden causar amargura. La mejor protección para esos momentos que infunden temor es una actitud positiva.

Viktor Frankl dijo: "La última de las libertades humanas [es] escoger la actitud que tendremos en ciertas circunstancias, escoger nuestro modo de ser".[14] Frankl sabía de qué estaba hablando, porque sobrevivió el suplicio de un campo de concentración nazi escogiendo la actitud de la esperanza. Comprometerse a escoger pensamientos y respuestas positivos pudiera ser la táctica que usted necesita.

Anime a otros. Cuando usted anima a alguien, edifica el puente hacia un mejor día. Es una ley de la vida que, al dar, nosotros nos beneficiamos. Cuando alienta a otra persona, usted también se sentirá alentado. A una persona que estaba deprimida y frustrada con la vida, Norman Vincent Peale le aconsejó que encontrara a alguien que le necesitara, y que dedicara su vida a ayudar a esa persona necesitada. Hemos visto que cuando alguien se interesa en el problema de otra persona, el resultado es que su propia actitud empieza a mejorar. Quizá animar a otros sea la táctica de supervivencia que usted necesita.

Lea. Leer una buena autobiografía o biografía es una manera útil de levantar nuestro espíritu. Es inspirador conocer los valles por los que otros han caminado y ver cómo las posibilidades de Dios se abrieron para ellos en los días más oscuros. Leer tales libros nos permite ver que otros han pasado por peores pruebas que las nuestras. Solo eso puede ya aliviar un poco el dolor de nuestra herida y darnos esperanza para nuestra situación.

Los libros desafiantes pueden ayudarnos a alejar nuestra mente del problema e invitarnos a pensar cosas nuevas, a tener nuevos sueños y a planear un nuevo mañana. Leer puede ayudarnos a enfocar la mente en la recuperación, en la respuesta positiva, en la sanidad y en la esperanza.

Hay otras maneras de reorganizar sus pensamientos. Dedique tiempo a un pasatiempo o a un viaje corto de una noche. Salga de compras, vea algunas obras en una librería, o visite un lugar que le interese; es decir, haga algo que le ayude a enfocar su atención en algo diferente, a aclarar la mente y calmar las emociones. Hay muchas maneras de sobrevivir una crisis, pero tendrá que encontrar la forma más apropiada para usted.

Leí la trágica historia de un muchacho que fue secuestrado y más tarde encontraron su cuerpo. La familia estaba profundamente abatida por la tristeza, como lo estaban los compañeros de clase. En el funeral, un grupo de amigos cantaron y después le entregaron un banderín a los padres. Decía: "Si su canto ha de continuar, nosotros tenemos que cantar".[15] Hay un mensaje para los pastores aquí. Si el ministerio al cual Dios nos ha llamado ha de continuar después de una crisis, una mala experiencia, un momento de temor, nosotros tenemos que hacer que continúe. Si el canto ha de continuar, ¡nosotros tenemos que cantar!

LA PREDICACIÓN MARCA UNA DIFERENCIA

13

Siempre habrá alguien que necesita su mensaje

No se turbe vuestro corazón; creéis en Dios, creed también en mí. En la casa de mi Padre muchas moradas hay; si así no fuera, yo os lo hubiera dicho; voy, pues, a preparar lugar para vosotros. Y si me voy y os preparo lugar, vendré otra vez y os tomaré a mí mismo, para que donde yo esté, vosotros también estéis.
—Juan 14:1-3

RECUERDO ALGO QUE William Barclay escribió a los predicadores: "Recuerden, siempre estará presente alguien con el corazón quebrantado".

Hace un tiempo me acordé de estas palabras y me hicieron pensar. Al reflexionar en ellas, recordé que cada pastor tendrá a alguien escuchando lo que Dios le ha dado para compartir. Realmente es un pensamiento que nos anima.

Muchas veces permitimos que la voz de nuestros críticos, o la apatía de algunos oyentes, destruya nuestra motivación y preparación. Pero, pastor, ¡siempre habrá alguien que necesita oír lo que usted tiene que decir!

Cuatro tipos de personas asisten a su iglesia. El primero es el tipo que mencioné: personas con corazones quebrantados, personas heridas, solitarias y cargadas de problemas. ¡Ellas le necesitan! Necesitan lo que Dios quiere decirles a través de usted. Para ellas, usted es el eslabón a las buenas nuevas y a la esperanza. Que las necesidades de esas personas —y el apoyo de ellas— le animen.

El segundo tipo de personas que asisten a su iglesia son las buenas y fieles. Son gente positiva, optimista, útil y que le apoya. Ellos aman a su pastor, dan sus diezmos, oran por la iglesia, sirven y evangelizan. Son la "sal de la tierra". ¡Esas personas le necesitan! Necesitan su amor y ánimo para desarrollar todo su potencial. Ellas esperan escuchar lo que Dios les dirá a través de su predicación y ministerio. Permita que el apoyo y el hambre de tales personas le animen.

Un tercer tipo de personas que asisten a su iglesia son las familias nuevas, los nuevos cristianos, gente que busca respuestas a los retos y confusión de la vida. ¡Esas personas le necesitan! Necesitan un mensaje de Dios. Necesitan que el evangelio las desafíe y guíe. Permita que la búsqueda de ellas le dé ánimo para su ministerio. Que le sirva de aliento la confianza que tienen las personas en usted.

Un cuarto grupo también asiste a su iglesia: los críticos, la gente que tiene influencia y los pensadores negativos. Ellos también necesitan su ministerio. Quizá estos no lo motiven tanto como los otros tres grupos, pero Dios tiene un mensaje para ellos, ¡a través de usted! El se los ha entregado. Ministrarles, evangelizarlos y ayudarles harán que usted se ponga de rodillas, y eso lo hará un mejor pastor.

Pastor, anímese al saber que tres de cuatro grupos de personas quieren escuchar el mensaje de Dios que usted tiene que dar. Esto debe ser suficiente para mantener la cabeza en alto y el corazón dócil y abierto. Así que, pastor, ¡no se desanime!

14

La predicación es importante

Reuniendo a sus doce discípulos, les dio poder y autoridad sobre todos los demonios y para sanar enfermedades. Y los envió a predicar el reino de Dios y a sanar a los enfermos. Les dijo: No toméis nada para el camino: ni bastón, ni alforja, ni pan, ni dinero; ni llevéis dos túnicas. En cualquier casa donde entréis, quedad allí, y de allí salid. Dondequiera que no os reciban, salid de aquella ciudad y sacudid el polvo de vuestros pies en testimonio contra ellos. Y saliendo, pasaban por todas las aldeas anunciando el evangelio y sanando por todas partes.
—Lucas 9:1-6

WILLIAM WILLIMON escribió que "la gente está lista para escuchar una voz que les dé algo significativo por lo cual valga la pena vivir y morir".[16] Estas palabras son alentadoras. En una era cuando algunos especialistas sobre el crecimiento de la iglesia dirían que la predicación está declinando, tal declaración nos fortalece.

La predicación aún es una prioridad para los pastores. La exhortación de Pablo a Timoteo —"que prediques la palabra" (2 Ti. 4:2)— no se ha anulado, negociado ni ha disminuido. Todavía es un mandato.

La predicación es el medio de Dios para confrontar a la gente con las verdades eternas. Aunque no es la única manera, tiene la promesa del toque y dirección de Dios. El nos recuerda respecto a su Palabra: "No volverá a mí vacía, sino que hará lo que yo quiero y será prosperada en aquello para lo cual la envié" (Is. 55:11).

Hace unos años leí estas palabras de una oración de instalación por Ed Towne: "Dios, permíteme predicar con entusiasmo por lo que hizo Cristo, no por lo que piensan las multitudes... por la salvación que tenemos, no por el tamaño del grupo presente. Usame, Dios, no porque es la hora para el mensaje, sino porque tú me has dado un mensaje para la hora".[17]

Si el corazón, la mente y el espíritu están preparados, el evento de la predicación es un momento en el que lo eterno invade el presente y la vida se enfoca en principios. Cada pastor necesita saber, como Willimon declaró, que la "gente está lista para escuchar una voz que les dé algo significativo por lo cual valga la pena vivir y morir". Pastor, lo que usted predica marca una diferencia en la vida de alguien, y una diferencia significativa en algunos. Tenemos la responsabilidad de predicar lo mejor que podamos, con el corazón y la mente saturados con la verdad, habiendo orado llenos del Espíritu de Dios, y listos para proclamar el mensaje en nombre de Dios. El Espíritu Santo tomará nuestras proclamaciones y las plantará en los corazones y mentes de los oyentes. Este es un pacto espiritual en el que los predicadores necesitan confiar más.

Este no es el tiempo para la preparación superficial y la predicación desapasionada. Herbert Carson escribió: "El predicador que tiene dudas acerca del evangelio es una amenaza para cualquier congregación. El púlpito no es el lugar para la inseguridad y el titubeo. Es la plataforma desde donde el heraldo de Dios anuncia, con profunda convicción, la verdad de la santa Palabra de Dios".[18] Añada a estos pensamientos las palabras de Craig Loscalzo: "Quizá la ruina de la predicación en las postrimerías del siglo XX haya sido la proliferación de la predicación desapasionada".[19]

La fuente para la predicación y la cura para la predicación desapasionada es, por supuesto, la Palabra. No se nos llamó a proclamar opiniones ni a dar discursos de motivación, aunque un sermón dinámico motivará. Somos predicadores de la Palabra, una Palabra eterna que da sustancia y significado a nuestra predicación. Dennis Kinlaw nos recuerda que "nada en el mundo es tan significativo para un predicador como el día en que la Escritura cobra vida para él —el día cuando la Escritura se apodera de él, cuando sabe que ella le pertenece a él y que él le pertenece a ella".[20]

La predicación todavía es el método de Dios para invadir la difícil situación humana con la verdad y la esperanza. E. Stanley Jones nos recuerda que "las congregaciones se reunirán alrededor del púlpito del cual fluya agua viva".

Una historia de la Revolución Francesa cuenta la experiencia de un grupo de prisioneros políticos, encerrados en un calabozo oscuro y sórdido. Uno de ellos tenía una Biblia y los otros prisioneros ansiaban que se las leyera. Sin embargo, la oscuridad en el calabozo le impedía ver las palabras. El único rayo de luz penetraba por una pequeña ventana cerca del techo, pero sólo por unos minutos cada día. Los prisioneros levantaban sobre sus hombros al amigo con la Biblia, hasta la luz del sol. Allí, por unos minutos podía leer. Luego lo bajaban y, con voces ansiosas, le preguntaban: "Dinos, ¿qué leíste mientras estabas en la luz?"[21] Nuestra tarea, como predicadores, es pararnos ante la gente y compartir lo que Dios nos ha revelado "mientras [estábamos] en la luz".

Pastor, el mandato de Dios para nosotros es que prediquemos. Su promesa es que El estará presente mientras nos preparamos y que ungirá nuestra predicación.

15

Viva de acuerdo con lo que predica

*La palabra de Cristo habite en abundancia en vosotros.
Enseñaos y exhortaos unos a otros con toda sabiduría.
Cantad con gracia en vuestros corazones al Señor, con salmos,
himnos y cánticos espirituales. Y todo lo que hacéis, sea de
palabra o de hecho, hacedlo todo en el nombre del Señor Jesús,
dando gracias a Dios Padre por medio de él.*
—Colosenses 3:16-17

NO HAY PASTOR, vivo o muerto, que no haya enfrentado situaciones difíciles. Los veteranos dirían que es parte del oficio. La vida y el pastorado durante tiempos de problema no son placenteros. Pueden causar dolor. Quizá sean tiempos de sufrimiento para el alma. ¿Existe algún remedio?

El mejor remedio pudiera ser lo que usted predica a su congregación cada domingo. Lo que predica es evidentemente lo que usted cree. Si es bueno para su iglesia, es bueno para usted. ¿Qué le predica a su congregación? Probablemente algo como: "Deje esta situación en las manos de Dios". O: "Tenga paciencia, las cosas cambiarán". O quizá: "¿Ha orado al respecto?" "No olvide que Dios le ama y le ayudará". Todos hemos usado variaciones de estas frases en alguna ocasión.

Examinemos algunas de estas declaraciones y veamos qué hay en ellas para nosotros cuando enfrentamos esas situaciones difíciles.

Deje esta situación en las manos de Dios. Esto parece simple, pero a menudo constituye una lucha. Frecuentemente nuestros problemas los causan factores sobre los que no tenemos control. Impacientarnos y afanarnos no ayuda en nada. Nuestra mejor opción es simplemente entregarle el problema a Dios y confiar en que El proveerá la solución. Esto no es un escape, como la solución que Jackie Gleason sugirió para el problema de tráfico en Nueva York: "Hagan que todas las calles vayan en un solo sentido al norte, y dejen que Albania se preocupe del problema". Cuando le entregamos nuestros problemas a Dios, dejamos nuestro dilema y desesperación en sus manos, confiando en su cuidado y su sanidad.

Tenga paciencia, las cosas cambiarán. Esta frase resume otro punto que incluimos en nuestra predicación. Es un mensaje de ánimo para los laicos y un buen consejo para el predicador. Hay ocasiones cuando las opciones son limitadas, y tener paciencia y perseverar es todo lo que podemos hacer. Pero, eso es mejor que escapar, es mejor que reaccionar exageradamente, y muchos le dirán que así ganaron ellos la batalla. Simplemente permanecieron en el sendero y llegó un mejor amanecer. Pastor, Dios está con usted en los momentos cuando debe tener paciencia y resistir.

Dios le ama y le ayudará. Estas son las palabras de aliento que algunas personas querrían escuchar más a menudo. ¡Y Dios realmente lo hace y lo hará! Uno de mis versículos favoritos es 1 Pedro 5:7: "Dejen todas sus preocupaciones a Dios, porque él se preocupa por ustedes" *(Versión Popular).* Pastor, el Dios amoroso que usted recomienda a su congregación, es también el Dios que se preocupa por usted.

Gladys Aylward, misionera que trabajó en la China hace medio siglo, fue forzada a dejar su obra misionera cuando los japoneses invadieron Yangcheng. Huyendo de una muerte segura, ella condujo alrededor de 100 huérfanos sobre las montañas, hacia la China libre. Fue una jornada aterradora. Por momentos la dominaba la desesperación.

Una mañana, después de una noche de desvelo y temiendo que jamás llegarían a lugar seguro, ella compartió su desesperanza con los huérfanos. Una niña de 13 años le recordó la historia que tanto amaban acerca de Moisés y los israelitas cuando cruzaron el mar Rojo.

"Pero, yo no soy Moisés", respondió Gladys Aylward.

"Por supuesto que no lo es", respondió la muchacha, "¡pero Jehová todavía es Dios!"[22]

Pastor, recuerde que Dios todavía es Dios. Permita que El se engrandezca en su vida, sabiendo que El se preocupa personalmente por usted. El Dios que usted recomienda a otros, quiere ser Dios de su dolor y sufrimiento, de sus noches oscuras y de sus días de desesperación. El quiere ser Pastor de aquel a quien El llamó.

16

¿Qué marca realmente la diferencia?

Si guardáis mis mandamientos, permaneceréis en mi amor; así como yo he guardado los mandamientos de mi Padre y permanezco en su amor. Estas cosas os he hablado para que mi gozo esté en vosotros, y vuestro gozo sea completo.
—Juan 15:10-11

¿QUÉ ES LO QUE realmente marca una diferencia en nuestro ministerio? Cuando descartamos lo secundario, ¿cuáles son los ingredientes sólidos y confiables que quedan? Estas son preguntas válidas para el pastor, porque hay tiempos cuando nos preguntamos si realmente hay algo que dé buen resultado.

Afortunadamente, las cosas que marcan una verdadera diferencia están a disposición de todos. Claro, cada una de ellas viene como resultado de un enfoque centrado en Dios, lo cual es una prioridad que todo pastor necesita. "Sólo cuando el ministerio está verdaderamente centrado en Dios", escribió Robert Callender, "llega a tener un enfoque claro y podemos ver el plan de Dios para nosotros".[23]

Tener a Dios como centro en nuestra vida es lo que nos permite ver lo que realmente es importante. Usar los recursos de Dios sin tener relación con El es usar mal a Dios e invitar la desilusión.

La oración es probablemente la herramienta más poderosa que usted tiene para el ministerio. Es un ejercicio del alma al que nada puede superar. Jamás habrá algo que tome su lugar. Nunca será obsoleta. La oración es uno de sus más grandes recursos.

Charles Stanley, en su libro *Handle with Prayer* (Usese con oración), escribe: "Muchos cristianos son personas aprensivas de primera y mediocres en la oración".[24] Procuremos ser personas de oración de primera. Cuando abrimos nuestra alma al Padre por medio de la oración, tenemos contacto y comunión con Dios. Max Lucado nos recuerda que Jesús responde, no a nuestra elocuencia, "sino a nuestro dolor".[25]

He allí un recurso que marcará una diferencia.

La Palabra de Dios es un segundo recurso que le dará poder para el ministerio. Tengo un calendario devocional que incluye esta declaración de Mountford: "Para que el conocimiento llegue a ser sabiduría y para que el alma crezca, el alma debe estar arraigada en Dios". Echamos raíces en Dios cuando pasamos tiempo en la tierra fértil de su Palabra. Las Escrituras pueden invadir el corazón y sacarnos de la oscuridad hacia la luz.

En su libro *Something Happens When Churches Pray* (Algo sucede cuando las iglesias oran), Warren Wiersbe ofrece este consejo: "Si su iglesia está pasando por problemas y dificultades, si Satanás se opone al trabajo que usted realiza y usa a la gente de su comunidad para causar problemas, ¿cuál es la solución? La Palabra de Dios y la oración. Esa es la fuente de nuestra sabiduría, el éxito de nuestro testimonio, el secreto para nuestra batalla".[26]

Como pastores, buscamos soluciones, ánimo, una forma de avanzar y una salida. Pastor, encontrará todo esto en la Palabra de Dios. Algunas de las últimas palabras del Papa Paulo VI fueron: "Aparte de la Palabra de Dios, no hay soluciones válidas a los problemas de nuestro día".

La obediencia es un tercer recurso que le ayudará a permanecer firme por mucho tiempo. "Obediencia" es una palabra de la que se dicen muchas cosas negativas. Sin embargo, Dios no ha cambiado de idea en cuanto a la obediencia. No ha renegociado sus términos o su importancia. Dios todavía honra la obediencia. En los momentos de desánimo en el ministerio, a veces la única opción pudiera ser simple obediencia. Pero, cuando damos ese paso, Dios responde con sus bendiciones y cuidado.

John R. W. Stott, al comentar la frase de Salmos 119:73 que dice: "Hazme entender y aprenderé tus mandamientos", afirma: "Nuestra naturaleza cumple su destino sólo cuando obedece la voluntad de Dios".[27]

Hay beneficios espirituales en la obediencia, aunque esa no es la razón por la que somos obedientes. Todo pastor necesita saber que Dios todavía honra el corazón obediente. Es un principio sólido que realmente marca una diferencia. Cuando el ministerio parece vacío —quizá aun sin esperanza—, es tiempo de ser simplemente obediente y confiarle el futuro a Dios. Tales momentos, aunque no son fáciles, son una verdadera prueba de que usted confía en Dios quien le llamó. En los momentos cuando su alma está abatida, El tiene una salida para usted, y sólo la encontrará por el sendero de la obediencia.

Pastor, las cosas que realmente importan aún están intactas. De ellas se puede asir su alma para atravesar por los pasadizos estrechos. Estos recursos nunca cambian. Siempre estarán allí, en medio del ambiente y los retos siempre cambiantes. Son los medios que ordenó Dios y El honrará a aquellos que los usen.

17

Dios está en acción...
¡a través de usted!

Había entonces en Damasco un discípulo llamado Ananías, a quien el Señor dijo en visión: Ananías. El respondió: Heme aquí, Señor. El Señor le dijo: Levántate y ve a la calle que se llama Derecha, y busca en casa de Judas a uno llamado Saulo, de Tarso, porque él ora, y ha visto en visión a un hombre llamado Ananías, que entra y pone las manos sobre él para que recobre la vista. Entonces Ananías respondió: Señor, he oído de muchos acerca de este hombre, cuántos males ha hecho a tus santos en Jerusalén; y aun aquí tiene autoridad de los principales sacerdotes para prender a todos los que invocan tu nombre. El Señor le dijo: Ve, porque instrumento escogido me es este para llevar mi nombre en presencia de los gentiles, de reyes y de los hijos de Israel, porque yo le mostraré cuánto le es necesario padecer por mi nombre. Fue entonces Ananías y entró en la casa, y poniendo sobre él las manos, dijo: Hermano Saulo, el Señor Jesús, que se te apareció en el camino por donde venías, me ha enviado para que recibas la vista y seas lleno del Espíritu Santo. Al instante cayeron de sus ojos como escamas y recobró la vista. Se levantó y fue bautizado; y habiendo tomado alimento, recobró las fuerzas. Y estuvo Saulo por algunos días con los discípulos que estaban en Damasco.
—Hechos 9:10-19

JAMES STEWART, en su obra clásica *Heralds of God* (Heraldos de Dios), escribió estas palabras que nos animan: "Cuando llega cada domingo por la mañana, debe encontrarlo maravillado y emocionado por esta reflexión: Hoy Dios estará en acción, a través de mí, en favor de estas personas. Este día quizá sea crucial, este servicio quizá sea decisivo para alguien que está listo para recibir la visión de Jesús".[28]

¡Qué palabras tan alentadoras para todo predicador! Debemos darnos cuenta de que cada domingo estamos en acción en nombre de Dios. El predicador de la iglesia más grande necesita escuchar esto, así como lo necesita el predicador en la más pequeña aldea. Es una verdad que ensancha el alma. Por esa verdad, cada domingo es un día por el cual vale la pena vivir y prepararse.

Es importante saber esto, primero, porque el predicador necesita comprender la realidad eterna de su llamado a predicar. El predicador necesita saber que hay un propósito más allá del salario y una razón más allá de la necesidad de tener empleo. Hay una realidad divina en el evento de la predicación que lo hace más significativo que los otros eventos ministeriales. Es el momento cuando uno se pone de pie para declarar el mensaje de Dios.

Hay días cuando el predicador necesita permitir que esta clase de realidad invada su mente y corazón, dejando de lado las heridas de la vida pastoral y levantando los espíritus que están desanimados por palabras imprudentes y conflictos insignificantes. Hay tiempos cuando uno tiene que retirarse de la batalla y dejar que el corazón sea tocado con el profundo significado de la predicación. Porque, cuando uno se hace a un lado, por un momento, para escuchar las palabras alentadoras de Stewart —y de Dios—, recibe ánimo para regresar al ministerio con nueva visión y entusiasmo. Permitir que el alma reciba todo lo que designa Dios, por medio del evento de la predicación, es refrescante y renovador.

Segundo, es importante saber esto porque aquellos que le escuchan predicar necesitan comprender que Dios tiene un mensaje para esta situación. Nunca debemos suponer que aquellos que nos escucharon predicar en los meses o años pasados no tenían problemas, y que la vida proseguía sin ninguna dificultad. Nunca ha sido así. William Skudlarek dice lo siguiente sobre los oyentes y adoradores contemporáneos, como se cita en su libro *The Word in Worship* (La Palabra en la adoración):

> En la iglesia promedio, más o menos la quinta parte de la congregación estará experimentando un sentimiento de pérdida por la muerte de algún ser querido. La tercera parte quizá tenga dificultades en su matrimonio. Alrededor de la mitad de ellos estarán enfrentando problemas para adaptarse emocionalmente a la escuela, al trabajo, al hogar o a la comunidad. A otros los afligirá un profundo sentimiento de culpa porque no pueden tratar con madurez su sexualidad, o su adicción a las drogas o al alcohol.[29]

Cuando el predicador conoce las heridas y sufrimientos de sus oyentes, y también sabe que tiene un mensaje de Dios, no hay nada que sea más desafiante y emocionante. Esta es la tarea y el mundo del predicador, quien, el domingo, se pone de pie con la Palabra eterna que la gente herida necesita escuchar. El predicador está "en acción" en nombre del Dios que puede tomar las vidas destrozadas, y principiar a sanar y encender la esperanza. Ser parte de tal posibilidad dinámica ayudará al predicador a superar los días malos, algunas reuniones de junta difíciles y algunas experiencias dolorosas. Pastor, no se desanime. Piense en el domingo pasado y en el domingo próximo. Recuerde: Esos días son cruciales porque el mensaje de Dios que usted dio fue decisivo para alguien. Usted fue el eslabón en un momento de liberación; ¡fue parte de un principio, de un milagro, de un nuevo día!

Este pensamiento de Stewart: "Hoy Dios estará en acción, a través de mí, en favor de estas personas", es una verdad que determina su significación mucho más que un comentario, una crítica o una crisis. Gran parte de nuestra autoestima la determina lo que otros piensan de nosotros.

Permitimos que los comentarios, críticas y crisis moldeen nuestra autovalía. Y, seamos honestos, pueden ser devastadores, desalentadores y destructivos. No es fácil pasarlos por alto y olvidarlos. Causan dolor. Lastiman. Penetran profundamente. Pero, pastor, el buen mensaje de Dios que usted comparte cada domingo ¡también es bueno para usted! Una de esas palabras pudieran ser cruciales para usted. Quizá haya una palabra que dé esperanza a su vida y renueve su espíritu. Porque, lo cierto es que el Dios que ministra a través de usted, también lo ministra a usted. Este es un pensamiento que debemos escribir en el registro de nuestra mente, para que nos sirva en los tiempos cuando consideramos que estamos siendo probados y nos sentimos débiles.

El Dios que lo llamó a predicar es el Dios que lo invita a rendir su ser —sus problemas y temores, las críticas que recibe, sus desilusiones y heridas— a la gracia de Dios y permitir que El lo alimente, le ame y lo fortalezca.

Considere este gran versículo del Antiguo Testamento, y luego una poderosa declaración del Nuevo Testamento. La palabra del Antiguo Testamento viene de Isaías 30:18: "Sin embargo, Jehová esperará para tener piedad de vosotros. A pesar de todo, será exaltado y tendrá de vosotros misericordia, porque Jehová es Dios justo. ¡Bienaventurados todos los que confían en él!" La palabra del Nuevo Testamento viene de Pablo en Colosenses 2:10: "Teniendo a Cristo lo tienen todo, y al estar unidos con El, están llenos de Dios... El es la potestad suprema, y tiene autoridad sobre cualquier principado o potestad" (*La Biblia al Día*, paráfrasis).

Pastor, ¡el Dios de Isaías y el Dios de Pablo es su Dios! El no cambia. La autoridad y el poder divinos tocan su ministerio cada vez que usted está en acción por El. Que la fuerza de este pensamiento le dé ánimo para cada día.

LA VIDA ES UNA EXPERIENCIA DE APRENDIZAJE

18

En la vida muchas veces necesitamos corrección

El oído que escucha las amonestaciones de la vida, morará entre los sabios. El que desprecia la disciplina se menosprecia a sí mismo; el que escucha la corrección adquiere inteligencia. El temor de Jehová es enseñanza de sabiduría, y a la honra precede la humildad.
—Proverbios 15:31-33

HACE UN TIEMPO mi hija me compró el libro *Beyond IBM* (Más allá de la IBM). Un dato fascinante captó mi atención: "Un cohete está en la ruta trazada sólo 2% del tiempo —durante el resto, corrige su curso".[30]

Tal parece que el ministerio es así: consiste mayormente en hacer correcciones y ajustes. A veces parece que muy poco del ministerio está en el curso correcto y lo que más se hace es corregir.

Pensé seriamente en lo que este dato me pudiera decir. Permítame compartir mis reflexiones.

Primero, como pastor tengo que alabar a Dios por las ocasiones cuando el ministerio va bien. Un peligro en el ministerio, como en todas las profesiones y trabajos, es que los problemas y las malas experiencias no nos permiten apreciar los tiempos buenos.

Creo que Dios nos da los grandes momentos en el ministerio, no sólo porque así se cumple su voluntad y El responde a las oraciones de su pueblo, sino también porque de esa manera valida su bondad, autoridad y poder. Como tales, nunca debemos olvidarlos. La advertencia de Dios a los hijos de Israel fue que no olvidaran cuando Él dividió las aguas del mar para que ellos pudieran cruzarlo en seco, o las ocasiones cuando Él proveyó para sus necesidades.

Segundo, tengo que permitir que los tiempos buenos me proporcionen dirección y seguridad durante los períodos difíciles. El mismo Dios que me bendice con experiencias valiosas, es el que me quiere guiar, consolar y proteger durante los momentos de problema. ¡Debo recordar esto y recibir fortaleza del Dios que siempre está a mi lado!

Hace unos años aconsejé a un pastor cuyo ministerio se había destruido debido a malas decisiones. El me hizo la pregunta que toda persona hace alguna vez en una crisis: "¿Dónde está Dios?" Le recordé al abatido pastor que Dios estaba donde Él está siempre: aquí mismo, dispuesto a consolar y amar, extendiendo sus brazos de comprensión y perdón. Me miró por un momento, como si las palabras formaran una verdad nueva. Después de una larga pausa respondió: "Eso es lo que predicamos, ¿no es así?" El entregó su derrota a Dios y el camino hacia la recuperación principió.

Tercero, los tiempos difíciles no están totalmente perdidos. A veces, de las cenizas surge algo bello. En ocasiones, del caos nace una profunda dependencia en Dios. Lo que estemos experimentando en la crisis —dolor o sufrimiento, malentendido o confusión, separación o conflicto— nos fuerza a hacer ajustes, corregir, evaluar, buscar y crecer. Aunque este proceso es doloroso y emocionalmente agotador, siempre existe la posibilidad de solución y crecimiento.

Además, esos momentos oscuros proveen la oportunidad para que la luz de la gracia y la gloria de Dios brille en forma hermosa en el corazón. Hace poco le pregunté a un hombre qué había aprendido de lo que él llamaba su "túnel de agonía". Respondió: "Aprendí que la gracia y la ayuda de Dios son más reales de lo que había pensado".

¿Qué tiene que ver todo esto con los ajustes y las correcciones? Sólo esto: Debo aprender a adaptar mis circunstancias a la gracia y los caminos de Dios, en lugar de permitir que mis problemas determinen mi perspectiva acerca de Dios. Tengo que estar listo para hacer correcciones, de modo que las situaciones de la vida dejen penetrar las verdades y promesas del evangelio.

Mientras más vivimos y pastoreamos, más nos damos cuenta de que la vida está en la ruta trazada por un tiempo muy breve, y el resto del tiempo necesitamos corregir el curso.

19

Lecciones de un cohete

Así que vosotros, amados, sabiéndolo de antemano, guardaos, no sea que arrastrados por el error de los inicuos caigáis de vuestra firmeza. Antes bien, creced en la gracia y el conocimiento de nuestro Señor y Salvador Jesucristo. A él sea gloria ahora y hasta el día de la eternidad. Amén.
—2 Pedro 3:17-18

PENSEMOS NUEVAMENTE en la cita del capítulo anterior: "Un cohete está en la ruta trazada sólo 2% del tiempo —durante el resto, corrige su curso".[31] ¡Me gusta ese dato estadístico!

Al principio quedé sorprendido al saber que un cohete está en el curso trazado sólo 2% del tiempo. ¿Cómo es que finalmente llega a su destino? La respuesta es clara: el resto del tiempo corrige su curso.

Todos en ocasiones hacemos algo que no es del todo correcto, dejamos pasar una oportunidad, hacemos algo con buena intención y se interpreta mal, o perdemos una relación. ¡Me anima saber que los cohetes no siempre están en la ruta trazada y que el éxito se logra corrigiendo el curso!

La actitud dispuesta a hacer correcciones es la mejor característica del pastor. El fue capacitado para responder, adoptar, ampliar su visión, seguir, crecer, aprender. El pastor ora, y por tanto, busca dirección. Así que, quizá nadie esté tan consciente como él de que la vida consiste mayormente de correcciones. De todas las personas, el pastor especialmente debe estar consciente de que no es perfecto. De hecho, en ocasiones parecería un cálculo elevado pensar que estamos en el curso trazado el dos por ciento del tiempo.

¿Adónde nos lleva todo esto? A tres conclusiones importantes. En primer lugar, pastor, anímese, ¡no tiene que ser perfecto! Si sabe cómo llevar a cabo las correcciones, tendrá éxito. No es perfección lo que su congregación busca. Ellos quieren un pastor que esté dispuesto a servir, aunque no siempre lo haga perfectamente. Quieren un pastor que ministre a las necesidades, aunque no siempre lo haga en forma perfecta.

En segundo lugar, pastor, aunque a veces experimente luchas, puede llegar al final del peregrinaje. Puede sufrir un poco y aún sobrevivir. Quizá falle, incluso de manera terrible, pero puede seguir en el camino. ¿Por qué? Porque la vida consiste más en corregir que en ser perfectos. Las palabras "lo siento" y "discúlpeme" son grandes lubricantes correctivos que fortalecen relaciones y nos permiten regresar al camino del ministerio y el servicio. Sentimos gozo al caminar la milla extra, al perdonar y ser perdonados. Sentimos gozo cuando tomamos la iniciativa para comprender, en lugar de esperar que nos comprendan. Lo experimentamos cuando sentimos la herida ajena en nuestro corazón y ofrecemos sanidad. De la lucha, del dolor, de la jornada humilde a la reconciliación brotan la fortaleza y confianza para el peregrinaje.

En tercer lugar, pastor, de los tiempos de corrección en el ministerio provienen algunos de los recuerdos más preciados del ministerio pastoral. De un "lo siento" nace una relación nueva y mejor. De una disculpa nace una confianza más profunda y la reconciliación. De la confesión vienen la sanidad y la esperanza. De la lucha para perdonar vienen la paz y la amistad.

Así que, pastor, aprenda del cohete, que recibe la corrección como parte del precio para llegar a su destino. Para usted, ¡pudiera ser el precio para un ministerio eficaz y satisfactorio! Que Dios le conceda gracia para el peregrinaje.

20

Una lección del padre del hijo pródigo

También dijo: Un hombre tenía dos hijos, y el menor de ellos dijo a su padre: "Padre, dame la parte de los bienes que me corresponde". Y les repartió los bienes. No muchos días después, juntándolo todo, el hijo menor se fue lejos a una provincia apartada, y allí desperdició sus bienes viviendo perdidamente. Cuando todo lo hubo malgastado, vino una gran hambre en aquella provincia y comenzó él a pasar necesidad. Entonces fue y se arrimó a uno de los ciudadanos de aquella tierra, el cual lo envió a su hacienda para que apacentara cerdos. Deseaba llenar su vientre de las algarrobas que comían los cerdos, pero nadie le daba. Volviendo en sí, dijo: "¡Cuántos jornaleros en casa de mi padre tienen abundancia de pan, y yo aquí perezco de hambre! Me levantaré e iré a mi padre, y le diré: 'Padre, he pecado contra el cielo y contra ti. Ya no soy digno de ser llamado tu hijo; hazme como a uno de tus jornaleros'". Entonces se levantó y fue a su padre. Cuando aún estaba lejos, lo vio su padre y fue movido a misericordia, y corrió y se echó sobre su cuello y lo besó. El hijo le dijo: "Padre, he pecado contra el cielo y contra ti, y ya no soy digno de ser llamado tu hijo". Pero el padre dijo a sus siervos: "Sacad el mejor vestido y vestidle; y poned un anillo en su dedo y calzado en sus pies. Traed el becerro gordo y matadlo, y

comamos y hagamos fiesta, porque este mi hijo muerto era y ha revivido; se había perdido y es hallado". Y comenzaron a regocijarse.
—Lucas 15:11-24

¿ALGUNA VEZ ha considerado al padre amante de la historia que comúnmente llamamos la parábola del hijo pródigo? ¿Por cuánto tiempo había esperado este padre con el corazón roto? De seguro dedicó mucho tiempo a orar. ¿Se cansaría de pedirle a Dios? ¿Compartiría sus tristezas con los amigos o con su otro hijo?

Al pensar en ese padre, tan profundamente preocupado por su hijo, me pregunto si casi todos los pastores se identifican con él. En ocasiones, cuando usted se ha preocupado más, cuando ha dedicado muchas horas y ha probado todos los recursos, los miembros de la iglesia se levantan y se van, sedientos por algo mejor. Y, aunque el padre se preocupaba, lo rechazaron, lo dejaron solo, esperando —y todavía le importaba.

Pastor, habrá tiempos cuando usted brindará amor y cuidado, y la gente los rechazará, sacará ventaja de ellos, los tergiversará y comprenderá mal, los usarán mal y abusarán de ellos. Esos tiempos no deben convertir su amor en odio, ni su cuidado en indiferencia.

El padre amante hizo varias cosas que pueden animarlo:
1. Continuó preocupándose, esperando y amando, sabiendo que todo sacrificio valdría la pena cuando el hijo regresara a casa. La mayoría de los pródigos regresarán a casa. Algunos nunca lo harán. Pero, tener el amor y el cuidado listos para el retorno del hijo o de la hija es lo que proporciona gozo al ministerio y fortaleza para servir.

Muchas personas pasarán por su vida mientras esté en el ministerio. Algunas encontrarán ayuda y recibirán fortaleza para su peregrinaje, y usted ocupará un lugar en sus corazones para siempre. Otras se irán por mil razones; algunas serán válidas y otras no. Cultive el amor y el interés en su corazón sin tomar en cuenta lo que hagan los pródigos al irse. Lo que ellos digan pudiera ser mordaz, su crítica dura, y su salida cruel y degradante. No permita que el dolor contamine su corazón o que le robe el amor. Porque, algún otro día, en algún otro lugar, quizá le dé la bienvenida a un pródigo, desconocido para usted, que se fue de la casa. Usted necesitará el amor del Padre y un corazón solícito.

2. El padre se puso a la disposición de otros. Puesto que el padre amaba, esperaba y se preocupaba, cualquier pródigo que pasara por el camino podía aprender nuevas lecciones de él. Todo pastor ha recibido personas en su congregación y luego se ha enterado de que venían de "algún otro lugar". Salieron de otra iglesia, abandonaron a otro pastor y ahora están en un viaje. Es inevitable que pensemos: "¿Me sucederá a mí?" El padre extiende sus brazos alrededor de la gente de "algún otro lugar" y derrama su amor y su ser en esas vidas. Y, puesto que el amor y el cuidado logran cambiar, nutrir, levantar y edificar, la gente de "algún otro lugar" es bendecida, aceptada y amada, y se le brinda el ambiente en el que puede crecer, aprender y ser diferente.

3. El padre no desperdició tiempo alimentando resentimiento. ¿Sufrió? ¡Sí! ¿Fue doloroso el rechazo? Ciertamente. ¿Le disgustó que su hijo se fuera? Definitivamente. Pero el padre siguió adelante a pesar del dolor, determinado a mantener vivo el amor. Pastor, determine de antemano que las heridas profundas del ministerio no apagarán la vela del amor en su corazón.

Por tanto, pastor, ¡no se desanime! Algunos se irán y jamás regresarán. Otros vendrán al lugar donde usted ministra, necesitando su amor y cuidado. ¡Mantenga vivo el amor para aquellos pródigos que desesperadamente lo necesitan! El gozo de amar sanará las heridas del rechazo.

21

Una nueva perspectiva respecto al éxito

Porque Dios no es injusto para olvidar vuestra obra y el trabajo de amor que habéis mostrado hacia su nombre, habiendo servido a los santos y sirviéndolos aún. Pero deseamos que cada uno de vosotros muestre la misma solicitud hasta el fin, para plena certeza de la esperanza.
—Hebreos 6:10-11

A TODOS NOS INTERESA el éxito. Estamos obsesionados con esa idea. Dedicamos una enorme cantidad de esfuerzo y tiempo para experimentarlo. El deseo de tener éxito no es malo, porque si se canaliza en la dirección correcta, se puede lograr mucho para la gloria de Dios.

Pero, seamos honestos: Pensar en el éxito es una experiencia agridulce para algunos pastores. Ellos han dedicado todo su esfuerzo y energía. Se han sacrificado, se han esforzado y han estudiado, pero el éxito elude todo lo que hacen. A tales pastores sólo les queda reflexionar en una de las grandes injusticias de la vida.

Muchas veces los pastores cuentan los años y el trabajo, suman los sacrificios y la fidelidad, los comparan con un modelo de éxito y quedan abrumados por la futilidad de la paradoja. En ese momento, el enemigo les susurra pensamientos que les quita la esperanza, que molestan e intimidan.

¿Existe algún mensaje positivo para el pastor en esa situación? Uno proviene de nuestro Señor, quien dijo:

Y por el vestido, ¿por qué os angustiáis? Considerad los lirios del campo, cómo crecen: no trabajan ni hilan; pero os digo que ni aun Salomón con toda su gloria se vistió como uno de ellos. Y si a la hierba del campo, que hoy es y mañana se quema en el horno, Dios la viste así, ¿no hará mucho más por vosotros, hombres de poca fe? No os angustiéis, pues, diciendo: "¿Qué comeremos, o qué beberemos, o qué vestiremos?", porque los gentiles se angustian por todas estas cosas, pero vuestro Padre celestial sabe que tenéis necesidad de todas ellas. Buscad primeramente el reino de Dios y su justicia, y todas estas cosas os serán añadidas (Mt. 6:28-33).

Otro mensaje proviene del finado Dag Hammarskjöld, que escribió: "Nunca permita que el éxito le esconda su vaciedad; los logros, su insignificancia; el trabajo, su desolación. Por tanto... mantenga vivo el incentivo de esforzarse más, ese dolor en el alma que nos lleva más allá de nosotros mismos... No mire atrás".[32]

Cuando examinamos honestamente nuestro concepto de éxito y lo forzamos a dar paso a la realidad, silenciamos el deseo que despierta de compararnos con otros. Tal ejercicio nos ayudará a establecer la prioridad correcta en nuestra vida. Podremos entonces sentir el entusiasmo del propósito y la adrenalina de la esperanza.

Edward Dayton escribió que "tener éxito es poseer un sentido de satisfacción, sentir que uno ha hecho y está haciendo bien algo, juntamente con los resultados de hacerlo".[33]

Lo que buscamos, pues, no es el éxito. Lo que buscamos es la misión: nuestra razón para vivir. Cuando obtenemos un cuadro claro de quiénes somos, por qué estamos aquí —y a quién pertenecemos—, estamos listos para el futuro. El éxito, entonces, viene en nuestros términos, no en los establecidos por nuestros compañeros y líderes, o por alguna otra medida. Cuando comprendemos cuál es nuestra misión, dirigimos nuestra vida de tal forma que podamos cumplirla, sin dejarnos desviar por las historias de éxito de los demás.

Cuando la vida toma esta clase de iniciativa, marcha a un ritmo diferente y camina según un nuevo orden. En su libro *Serving God* (Sirviendo a Dios), Ben Patterson cita a Rubén Alves cuando define la esperanza como "escuchar la melodía del futuro".[34] A través de todos los sucesos de la vida, el pastor necesita escuchar el llamado que Dios le ha hecho. Con visión y vigor renovados, podemos seguir adelante en la misión, escuchando "la melodía del futuro".

Pastor, la medida que usa Dios no es el éxito, sino la fidelidad. El mensaje es que usted puede —y debe— ser fiel. Con la fidelidad vienen la satisfacción y la paz, que, en el sentido más profundo, constituyen el éxito.

22

Cómo enfrentar la presión

Por lo tanto, hermanos, os ruego por las misericordias de Dios que presentéis vuestros cuerpos como sacrificio vivo, santo, agradable a Dios, que es vuestro verdadero culto. No os conforméis a este mundo, sino transformaos por medio de la renovación de vuestro entendimiento, para que comprobéis cuál es la buena voluntad de Dios, agradable y perfecta.
—Romanos 12:1-2

PROBABLEMENTE TODOS estemos de acuerdo en que hay muchas presiones en el ministerio pastoral. Sería difícil que alguien negara esa realidad. Nuestra tarea como pastores no es temer a las presiones, sino tratar con ellas de manera positiva.

Hudson Taylor escribió: "No importa cuán grande sea la presión. Lo que realmente importa es dónde está: si se interpone entre usted y Dios, o si lo presiona a acercarse más al corazón de Dios".

¿Está experimentando presión? ¿La está causando usted mismo? En ocasiones somos nuestros peores enemigos al fijarnos metas que no son realistas, sabias ni oportunas. Estas crean presiones innecesarias y el resultado seguro es desilusión, frustración y derrota. Con frecuencia tales presiones obligan a personas capaces a abandonar el pastorado.

Entonces, ¿qué debe hacer respecto a las presiones internas? Sea realista en sus sueños, planes y ambiciones. El afán de alcanzar éxito y logros es bueno sólo hasta cierto punto. Necesitamos aprender a equilibrar los sueños y planes con el ministerio, la familia, la salud —toda la vida. Cuando algún aspecto está fuera de equilibrio, produce estrés innecesario.

Pastor, creo que podemos poner nuestros sueños, planes y ambiciones delante de Dios y pedirle sabiduría. Cuando tenemos el consejo de Dios, desarrollamos expectativas mejores y más sabias. Podemos establecer nuestras metas y planear nuestro futuro de modo que provean equilibrio en lugar de presión.

¿Cómo enfrentamos los factores externos que causan estrés: presión de parte de otras personas, de la familia, de los líderes y otros? Gran parte de la presión que experimentamos proviene de gente que nos impone expectativas —a menudo no realistas y que demandan mucho de nosotros.

No hay soluciones fáciles. Considere las siguientes posibilidades:

1. *Busque a Dios.* Es con El donde principiamos siempre al tratar con problemas de presión. Pastor, Aquel que lo llamó está más interesado que usted en las batallas por las que está pasando. "Mayor es el que está en vosotros que el que está en el mundo" (1 Jn. 4:4).

2. *Hable con otros.* ¿Qué hicieron ellos en situaciones similares? Busque el consejo de amigos y colegas de confianza. Observe cómo aquellos que usted respeta enfrentan la presión.

3. *Lea e investigue.* Averigüe qué recursos hay disponibles. A menudo hay buenos artículos, libros o seminarios que pueden abrir una ventana en cuanto a un punto de presión, proveyendo no sólo la solución a su problema, sino también una experiencia más amplia de aprendizaje.

4. *Aprenda a decir "no".* ¡Es una opción! Nosotros no somos todas las cosas para toda la gente. A veces el llamado y la prioridad de Dios para nuestras vidas son muy diferentes a las expectativas de nuestros amigos, de los miembros de la iglesia e incluso de la familia. Aprenda a decir "no" en una manera cortés.

5. *Establezca prioridades*. En algún momento tenemos que decidir cuáles son las prioridades para nuestra vida; luego debemos proteger esas prioridades, ya sea delegando las expectativas menores o simplemente no llevándolas a cabo.

6. *Examine la fuente de la presión*. Quizá un fiel miembro de la iglesia, un amigo o un miembro de la familia tenga razón al ejercer cierta presión en su vida. No dé por sentado que toda presión es mala. Quizá Dios esté tratando de captar su atención a través de otros, y por medio de ellos pudiera estar diciéndole algunas cosas necesarias y valiosas. Aprenda a ser objetivo y sensible a quien crea la presión y a la causa de la presión.

El consejo de Hudson Taylor fue bueno: Asegúrese de que la presión lo lleve a "acercarse más al corazón de Dios". Allí, bajo su cuidado y dirección, está el camino de salida.

DIOS ES RESPONSABLE POR USTED

23

Dios tiene la última palabra

"Porque los montes se moverán y los collados temblarán, pero no se apartará de ti mi misericordia ni el pacto de mi paz se romperá", dice Jehová, el que tiene misericordia de ti.
—Isaías 54:10

HACE UNOS MESES tuve el privilegio de asistir a una reunión en mi *alma mater*, la Universidad Nazarena Olivet en Kankakee, Illinois. Varias personas y eventos allí me animaron.

Me encontré con un antiguo amigo de la universidad y seminario, quien hacía unos años había pasado por una experiencia devastadora en su matrimonio. Quedó sin ministerio. Fue el momento más doloroso de su vida. Su futuro era incierto, desagradable y aterrador.

Luego, Dios principió a restaurar el ministerio de mi amigo. Hoy ministra como pastor de una de las iglesias de mayor crecimiento en los Estados Unidos. ¡Del fracaso a algo fantástico! Al hablar con él, le mencioné cuán hermoso era ver cómo Dios lo había pastoreado a través de los momentos difíciles y le había dado un gran ministerio. El le dio a Dios todo el crédito. ¡Fue alentador saber que el fracaso no tiene que ser la última palabra!

Me animó ver otra vez que, de la tragedia, Dios puede hacer que resulte una victoria. La universidad recientemente había sufrido la pérdida de tres de sus estudiantes que murieron en forma trágica en un accidente automovilístico. Mientras el Coro Orfeo iba rumbo a Indianápolis para participar en la Reunión de Alabanza de Bill Gaither, una camioneta con 11 miembros del coro se volcó y murieron tres de los pasajeros. El campus quedó paralizado, abrumado y triste por la tragedia.

Pero, Dios estaba trabajando en medio del dolor. Vi la presencia consoladora de Cristo uniendo a los estudiantes y creando un vínculo especial entre ellos en esos momentos de tristeza y dolor. La ceremonia de coronación fue un testimonio conmovedor del poder de la gracia y la sanidad cristiana. Una de las víctimas del accidente había sido elegida como parte de la corte de la reina. Su testimonio cristiano había dejado un profundo impacto. La tragedia, tan repentina, ayudó a los demás a comprender el valor de la vida y de la muerte desde la perspectiva cristiana.

Y, aunque Olivet perdió en el partido de fútbol en la celebración de bienvenida aquel día, tuve que recordar que el equipo se recuperará y volverá a jugar. El entrenador llevará al equipo hacia el tablero para revisar las jugadas; estudiarán su derrota, pero sólo con el propósito de ganar el siguiente partido. La derrota no es el fin de la jornada.

El fracaso, la tragedia y la derrota nunca son las últimas palabras para el cristiano. Son ocasiones para que Dios nos hable, nos edifique, nos consuele y nos guíe, para que escriba los capítulos de esperanza que nuevamente ponen la vida en curso para cumplir su tarea.

Pastor, quizá pase por un momento de sufrimiento, un período de desánimo, una tragedia, una derrota, una experiencia agobiante. No permita que estos sean los capítulos finales en el ministerio de una vida. Cuando Wesley pasaba por un momento difícil, escribió: "Consulté a Dios en su Palabra". Dios tiene una palabra para usted y es de esperanza, para que siga adelante, para que sea restaurado y descanse en la gracia de Dios.

24

¿Cómo enfrenta el fracaso un pastor?

Pero tú, Israel, siervo mío eres; tú, Jacob, a quien yo escogí, descendencia de Abraham, mi amigo. Porque te tomé de los confines de la tierra, de tierras lejanas te llamé y te dije: "Mi siervo eres tú; te escogí y no te deseché".
—Isaías 41:8-9

LOS MAYORES ESFUERZOS, los intentos hechos con más dedicación a veces terminan como fracaso. Alex MacKenzie escribió el libro *Time for Success* (Tiempo para el éxito), en el que dijo: "El éxito es hacer todo lo que esté de nuestra parte".[35] Muy pocos aceptan esto. En el servicio cristiano, el único fracaso consiste en no hacer la voluntad de Dios. Esta es una verdad que todos necesitamos escuchar repetidamente y de la que debemos apropiarnos para nosotros y otros.

En ocasiones el síndrome del éxito demanda tanto que llega a ser excesivo. Se levanta sobre nosotros como un gigante, transmitiéndonos pensamientos horribles que destrozan y destruyen nuestra autoimagen. Sin embargo, Dios nos llama para que le presentemos a El nuestros éxitos y fracasos. Nuestro fracaso, entregado a Dios, puede ser materia prima para que El trace otro sendero y abra otra puerta. Lo único que El desea es que le rindamos nuestro fracaso y nuestra disposición para seguir adelante en obediencia a su próximo capítulo para nuestra vida. Denis Haack nos recuerda que "el Señor ha prometido regresar pronto. Hasta entonces, debemos ser fieles. Eso significa fidelidad con riqueza, fama, poder, realización propia y apariencia —o sin ellos".[36]

Es fácil saber qué hacer cuando se tiene éxito. Cuando las cosas salen bien, podemos reconocer la fidelidad e implementarla. Pero, el fracaso crea un ambiente de culpa, de duda respecto a uno mismo y de resentimiento. Quizá principiemos a creer que no podemos recibir el cuidado y la ayuda de Dios, especialmente si el pecado y la desobediencia fueron la causa de nuestro fracaso.

Pastor, si ha fracasado, tiene que realizar la difícil tarea de mayordomía. Debe recoger los pedazos, entregárselos a Dios, y esperar las siguientes órdenes de marcha que El le dé para su vida. Necesita saber que el fracaso no nos aísla de la gracia y la compasión de Dios.

La vida de Shelley Chapin se vio interrumpida prematuramente por el cáncer. Sus sueños y éxitos fueron desapareciendo. "Fracaso" parecía ser la única palabra apropiada para resumir su peregrinaje. Sin embargo, Shelley luchó, usando para la gloria de Dios lo que le había otorgado la vida. Cuando se acercaba al final de la batalla, escribió: "Tuve que aprender que toda la vida depende de la gracia. Cada aliento que tomo, cada canto que entono, cada oración que elevo y cada plan que hago —todo brota de la gracia... Aprender a ver nuestra vida como un regalo, un día a la vez, es una parte importante de la vida en este mundo".[37]

Una manera en que el pastor enfrenta el fracaso es cambiando su enfoque: del éxito al servicio. Si lo que hemos ofrecido a Dios fracasa, El es nuestro compañero en el fracaso. El no nos dejará solos para que nos ahoguemos, sintiendo lástima de nosotros mismos y remordimiento. No nos abandonará en el camino de la fidelidad.

Renovar nuestra visión del éxito a la luz del fracaso produce nueva cautela. Nos obliga a examinar nuestros esfuerzos, nuestras disciplinas y nuestra responsabilidad. No todo fracaso es nuestra culpa. Ni todo fracaso es culpa de otros. En algún momento debe haber un lugar para procesar todo con Dios y prepararnos para la jornada a seguir.

Cerca del final de su vida, Albert Einstein quitó de su pared los retratos de dos científicos: Newton y Maxwell. Los remplazó con retratos de Gandhi y Schweitzer. Explicó que era tiempo de remplazar la imagen del éxito con la imagen del servicio.

El pastor mantiene frente a sí la imagen del servicio a Cristo y su reino. La imagen del servicio nos permite tener una perspectiva correcta del éxito, pero más importante aún, proporciona interpretación y consuelo en cuanto al fracaso.

25

Nuestra ayuda viene del Señor

Alzaré mis ojos a los montes. ¿De dónde vendrá mi socorro? Mi socorro viene de Jehová, que hizo los cielos y la tierra. No dará tu pie al resbaladero ni se dormirá el que te guarda. Por cierto, no se adormecerá ni dormirá el que guarda a Israel. Jehová es tu guardador, Jehová es tu sombra a tu mano derecha. El sol no te fatigará de día ni la luna de noche. Jehová te guardará de todo mal, él guardará tu alma. Jehová guardará tu salida y tu entrada desde ahora y para siempre.
—Salmos 121

AL FINAL DE CADA AÑO trato de leer un par de libros que he leído en años previos y que para mí significaron mucho. El año pasado saqué del estante el libro de Gerald Kennedy, *Fresh Every Morning* (Frescas cada mañana), y volví a leer las palabras del gran obispo metodista. Un pasaje en particular captó mi atención; noté que, por alguna razón, no lo había marcado las otras veces cuando había leído ese libro. Entre otras cosas, me ayudó a recordar que los años y las circunstancias traen diferentes necesidades a nuestras vidas. El pasaje que atrajo mi atención dice: "Es sorprendente cuántos problemas que parecen enormes en el futuro lejano, nunca se materializan. Dios siempre está visitándonos con sorpresas divinas y eliminando milagrosamente algunos de los obstáculos de nuestro camino. Si puedo terminar el día, mañana traerá luz fresca que iluminará el cuadro oscuro".[38]

"Cuántos problemas que parecen enormes en el futuro lejano, nunca se materializan". Probablemente a todos nos ayudaría mantener, por un tiempo, una lista de los problemas que pensamos que surgirían, aunque sólo sea para ver que muy pocos llegan a suceder. Y, aunque ocurran, el pastor puede encontrar consuelo porque Dios está aun en medio de las peores circunstancias, tratando de sacar algo bueno de cada situación.

Una niñita le preguntó a su padre qué hacía Dios durante una terrible tormenta. Después de pensar por un instante, ella misma contestó su pregunta, diciendo: "Ya sé, El está haciendo la mañana".

Pastor, Dios está presente aun cuando usted pasa por los peores problemas, creando la mañana y la luz, formando un nuevo día, una salida. El es el Arquitecto de la victoria, no de la derrota. Kennedy lo expresó de esta manera: "Si puedo terminar el día, mañana traerá luz fresca que iluminará el cuadro oscuro". ¡Y gracias a Dios porque esto es verdad!

Si vienen problemas, y de seguro que vendrán, Dios es Dios de la oscuridad y de los tiempos de problema, así como el Maestro de la luz y la victoria. En ocasiones sentimos que Dios está presente sólo cuando hay victoria, cuando viene la mañana, cuando hay algo de lo cual podemos escribir a casa. Pero, la razón por la que hay victoria es porque El ha estado trabajando en los momentos de derrota de nuestra vida. La razón por la que hay luz y regocijo es porque El estaba trabajando en la oscuridad. Cuando las luces se apagan en nuestro mundo, en nuestras carreras, en nuestras asignaciones, y cuando parece que no hay salida, ni mañana, ni esperanza —Dios siente lo que nosotros sentimos. El luchará contra lo peor para conducirnos a la victoria. Pastor, no se desanime: "En todas estas cosas somos más que vencedores por medio de aquel que nos amó" (Ro. 8:37).

Otra declaración en el libro de Gerald Kennedy también me animó: "El predicador debe reconocer que su trabajo es decirle a la gente dónde está la ayuda que necesitan".[39] Pastor, recuérdese a sí mismo dónde está su ayuda. Con frecuencia se prescribirá su propia medicina al proclamar esperanza y sanidad a la gente.

En su libro *What's a Nice God like You Doing in a Place like This?* (¿Qué hace un Dios tan bueno como tú en un lugar como este?), Wesley Tracy cuenta de la hermana de Earl Wolf, quien libró una larga batalla con el cáncer. El Dr. Wolf viajó de Missouri a Pennsylvania para asistir al funeral. Allí pasó algún tiempo hojeando la Biblia de su hermana. Entre las páginas, encontró este poema escrito a mano:

> *A menudo sobre la Roca tiemblo,*
> *Con corazón desfallecido y rodilla endeble;*
> *Pero la firme Roca de los Siglos*
> *Jamás tiembla debajo de mí.*[40]

Por tanto, pastor, reciba fuerzas del Señor en los tiempos de tribulación, con la seguridad de que El está trabajando en su favor. Y, cobre ánimo, sabiendo que todo lo que Dios hace, es bueno y estará bien.

26

Saque fuerzas de su llamamiento

Si anuncio el evangelio, no tengo por qué gloriarme, porque me es impuesta necesidad; y ¡ay de mí si no anunciara el evangelio! Por eso, si lo hago de buena voluntad, recompensa tendré; pero si de mala voluntad, la comisión me ha sido encomendada. ¿Cuál, pues, es mi recompensa? Que, predicando el evangelio, presente gratuitamente el evangelio de Cristo, para no abusar de mi derecho en el evangelio.
—1 Corintios 9:16-18

"SI ALGO PUEDE SUCEDER, puede sucederle a un pastor", dijo un pastor después de una semana ajetreada. ¿Quién puede argumentar su conclusión? El pastor está en el centro de la agonía y acción de la vida. Si hay una crisis, una muerte, un accidente —que son sólo algunas posibilidades—, se busca la ayuda del pastor. Todas esas situaciones, sumadas a la agenda regular del pastorado, añaden tensión, presiones de tiempo, frustración y cansancio físico.

En esos momentos, los pastores pueden sacar fuerzas de la presencia de Dios, y de la confirmación y seguridad de su llamamiento a predicar. Aunque este llamamiento se ha debatido y menospreciado un poco, no ha perdido validez. Asegúrese de tener tal llamamiento antes de entrar al pastorado. Más de un pastor le dirá que fue su llamado lo que les ayudó a seguir adelante y a sobrevivir los tiempos difíciles.

Nuestro llamado a predicar es una confianza sagrada e inspiradora. Con la seguridad del llamado resonando en su corazón y en su alma, el pastor puede sobrevivir prácticamente cualquier crisis y soportar la desilusión más profunda. Hace algunos años escuché a un pastor decir que el llamado a predicar no es tan importante como lo era antes. Fue algo nuevo para mí. De hecho, aunque no pienso que el llamado es más importante o menos importante en una época que en otra, creo firmemente que para estos tiempos, y para estas presiones, es mejor que un pastor esté seguro de su llamado.

Considere el llamado a predicar:

1. Cuando Dios nos llama, El forma una sociedad con nosotros para fortalecernos, capacitarnos y dirigirnos. Es una verdad de la que debemos cobrar ánimo, quizá más de lo que acostumbramos. Una y otra vez necesitamos regresar a nuestro llamado para que su realidad nos anime. Cuando sacamos fuerzas del llamado a predicar, experimentamos motivación e inspiración —y aun fortaleza— para el ministerio.

2. Plante sus crisis, desánimos y frustraciones en su llamamiento a predicar. Permita que el llamado sea el punto de referencia al que retornará, una y otra vez, para tener una perspectiva correcta de lo que está pasando. La tentación, en los tiempos de desánimo, es considerar otras opciones y buscar otros trabajos. No permita que los tiempos difíciles lo impulsen a tomar decisiones que después lamentará.

Ocasionalmente Dios dirige a alguien a dejar el ministerio pastoral. Quizá El dé libertad a un pastor para que se dedique a otra ocupación u otra forma de ministerio. Pero, para la mayoría de los pastores esto no sucede. Al contrario, es muy importante que el pastor mantenga la perspectiva de su llamado cuando llegan las presiones y cuando resulta difícil seguir adelante.

Así que, no dude de su llamado a predicar en medio de las crisis más profundas, cuando sus emociones están siendo atacadas y todo parece ir mal. Esos momentos no son los mejores para pensar con claridad y tomar decisiones. En esos momentos, descanse en su llamado y deje que la fuerza de tal llamado traiga sanidad para su recuperación y renovación.

3. Aun cuando tenga la seguridad del llamado a predicar, eso no es suficiente. Debe mantenerse saludable espiritualmente. El llamado necesita recibir alimento y un corazón en donde pueda crecer y cumplir su propósito. La oración y el estudio de la Palabra deben ser prioridades para aquel que Dios ha llamado a predicar. Uno puede tener todos los dones disponibles y las ventajas de la educación, pero si no los canaliza a través de un corazón que recibe calor en el altar de Dios, fallará. Generalmente la vida espiritual de la persona determinará qué tan bien sobrevivirá en el difícil terreno del ministerio pastoral.

4. El llamado a predicar debe realizarse en un cuerpo saludable y una mente preparada. El buen estado físico es importante en el ministerio pastoral. El ejercicio debe ser una prioridad. Muchas veces la tensión emocional se acumula simplemente porque no atendemos lo físico. También la mente tiene que ejercitarse. Si enfocamos nuestra atención sólo en los problemas, las crisis, el templo, las finanzas y asuntos similares, pronto se desvanecerá el romance del ministerio. Una medida que previene tales posibilidades es estudiar, leer y llenar la mente con pensamientos que nos eleven por encima de las batallas. Un buen sistema de organización también ayuda a eliminar la pregunta que a veces nos obsesiona: "¿Me estoy olvidando de algo?" Dar atención a estos aspectos nos ayudará a cumplir nuestro llamado de una mejor manera.

Pastor, el Dios que lo llamó quiere ser su Socio en el ministerio.

27

Los tiempos estériles

Se alegrarán el desierto y el erial; la estepa se gozará y florecerá como la rosa. Florecerá profusamente y también se alegrará y cantará con júbilo; la gloria del Líbano le será dada, la hermosura del Carmelo y de Sarón. Ellos verán la gloria de Jehová, el esplendor del Dios nuestro. ¡Fortaleced las manos cansadas, afirmad las rodillas endebles! Decid a los de corazón apocado: "¡Esforzaos, no temáis! He aquí que vuestro Dios viene con retribución, con pago; Dios mismo vendrá y os salvará". Entonces los ojos de los ciegos serán abiertos y destapados los oídos de los sordos.
—Isaías 35:1-5

SI SOMOS HONESTOS, debemos reconocer que hay tiempos cuando el trabajo del ministerio parece árido y estéril. En esos momentos, el alma pregunta los porqués y quizá las dudas la torturen. Jamás ha existido un pastor exento de tales ocasiones. Las biografías de los grandes pastores incluyen los momentos oscuros del alma que ellos atravesaron.

Para algunos, admitir la aridez es admitir fracaso. Aun sólo pensarlo constituye una carga tan pesada que casi obstaculiza toda posibilidad de recuperación. Pero, la aridez no es fracaso necesariamente. Cobre ánimo, enfrente la realidad, comprenda sus emociones en el contexto de las circunstancias que atraviesa, luego siga adelante, con fe en que Dios le ayudará a escribir un nuevo capítulo en su ministerio. El lo hará, ¡con su ayuda! Las palabras de Jeremy

Taylor nos animan: "Para aquel que recuerda que su Ayudador es omnipotente, le es imposible perder la esperanza".

Para otros, admitir la aridez les da ocasión para recurrir al síndrome de "víctima". Caen en el juego de los "si tan solo". El juego de la culpa crea una situación en la que nadie gana. En lugar de enfrentar la realidad, enfoca la atención en otros. Invita a tener lástima de uno mismo. Lo único que esto logra es paralizar a la persona que necesita buscar ayuda y planear un nuevo día. En *If Only* (Si tan solo), David A. Seamands escribe sobre "la obsesión con el victimismo o victimología. Este es el Gran Juego de Echar la Culpa, con el que la gente trata de escapar de la responsabilidad personal por sus decisiones y eximir casi cualquier clase de comportamiento encontrando a alguien a quien culpar".[41]

Otros consideran que admitir la aridez daña el ego. Su arrogancia los ciega al problema. "Jamás me podría suceder a mí", dicen. Aunque son rápidos para verlo en otros, jamás lo ven en sí mismos. Calvin Miller ha escrito acerca de una época en su ministerio cuando tuvo ese problema:

> Clamé a Dios pidiéndole que me matara o que me hiciera un hombre honesto que dijera siempre la verdad. Mi orgullo intelectual se disolvió en total necesidad. ¡Me quebranté! Mi quebrantamiento —como todo quebrantamiento— tuvo como dulce fruto las lágrimas simples que fluían. Aquellas lágrimas fueron acetileno puro. Un soplete ardiente que cortó, primero, mi orgullo, y luego mi desconfianza. Cuando desaparecieron mi arrogancia y mi desconfianza, cayeron las escamas de mis ojos. ¡Vi a Dios! ¡Alto y sublime![42]

Algunos atraviesan tiempos áridos y estériles porque, hasta cierto grado, ellos mismos los causan. En ocasiones uno pierde el foco y la pasión del ministerio por desviarse a otras cosas. En su libro *Margin* (Margen), Richard A. Swenson cita a Christopher Lasch, quien habla sobre nuestra "incomprensible sensación de ir a la deriva".[43] Si el pastor no mantiene su corazón y mente enfocados en Dios, es fácil que lo arrastren otros intereses. Dar demasiada atención a otros asuntos puede crear aridez en el alma y esterilidad en el ministerio. La cura para tal aridez es dar prioridad a lo espiritual. Es dar atención a su llamado y ser mayordomo de las responsabilidades que Dios ha puesto a su cuidado. Este quizá sea uno de los mayores problemas en el ministerio contemporáneo —la pérdida de enfoque porque hay demasiados intereses fuera del ministerio.

Algunos piensan que la aridez implica el fin del ministerio, que Dios ha retirado su bendición, que es su señal de que el ministerio ha terminado. Pero, ¿es así realmente? ¿No pudiera ser un tiempo para realizar una evaluación e inventario espiritual? ¿No será el tiempo para renovar la pasión por el ministerio y la gente? ¿Para volver a despertar el gozo del servicio y la predicación? Pastor, no se desanime —en los tiempos áridos hay oportunidad de encontrarse con Dios y dejar que El toque su corazón otra vez con el fuego y la purificación de su amor. El Dios que lo llamó a predicar es Aquel que lo espera para tocar la aridez con vida, con fuego y con pasión. En *The Life God Blesses* (La vida que Dios bendice), Gordon MacDonald habla del "desarrollo de los músculos del alma". Escribe: "La vida que Dios bendice es la que se vive desde el alma —ese lugar donde Dios se encuentra con la persona".[44]

Pastor, los tiempos áridos pueden ser tiempos de crecimiento, aprendizaje y sumisión. Nuestra respuesta y nuestras reacciones determinarán cómo sobreviviremos, cómo volveremos a levantarnos. Determinarán el futuro de nuestros ministerios. Alguien ha escrito: "Cuando se presenta un problema, a algunas personas les crecen alas; otras compran muletas".

En los tiempos de aridez, permanezca cerca de Dios. Busque el rostro divino. Estudie su Palabra. Deje que los recursos espirituales bañen su alma hasta que la aridez dé lugar a las lágrimas y la recuperación. Su fe en la fidelidad de Dios es crucial. Al corazón que espera, El lo tocará con novedad, visión y esperanza.

28

Gracias a Dios por el gozo del ministerio

*Regocijaos en el Señor siempre.
Otra vez digo: ¡Regocijaos!*
—Filipenses 4:4

¡HAY GOZO EN EL MINISTERIO! Esta debe ser una premisa sobre la cual edificamos el ministerio, o tendríamos que sospechar del Nuevo Testamento. El evangelio, que es la prioridad central del ministerio, significa "buenas noticias". Si nosotros entregamos buenas noticias, entonces el gozo es resultado de la proclamación.

En medio de todo lo negativo que viene con el ministerio, no debemos perder de vista el gozo, la victoria y la satisfacción que también deben definirlo. En un mundo negativo es demasiado fácil colorear el ministerio con los matices equivocados.

El mensaje de Pablo a la iglesia de Filipo fue: "Regocijaos en el Señor siempre. Otra vez digo: ¡Regocijaos!" Debemos tener un lugar en el ministerio para el regocijo, para el gozo, para la victoria —un lugar para saborear el éxito del ministerio fiel.

Una manera de agradecer a Dios por el gozo del ministerio es reconocer sus bendiciones. No veamos nubes de tormenta en cada éxito. Debemos expresar claramente nuestra gratitud por las victorias y vivir esos momentos con gratitud y gozo.

Otra manera de agradecer a Dios por el gozo del ministerio es vivir con espíritu de expectativa. Cuando charlo con aquellos que están experimentando el gozo del ministerio, me dan nuevo ánimo. Ellos no sólo ven, sienten y aprecian las bendiciones del ministerio sino que esperan recibir más. Ven el potencial, sueñan con mejores cosas y no están a la espera de la próxima crisis. Hay espíritu de expectativa en su ministerio. Es contagioso. No sólo infunde gozo en sus almas sino que también lo contagian a sus congregaciones. El gozo y la expectativa se vivifican en el cuerpo de Cristo.

Otra forma de agradecer a Dios por el gozo del ministerio es mantener el enfoque en Cristo. Los que celebran el gozo del ministerio se mantienen cerca de Aquel que los llamó. Celebran la relación. Conocen la Fuente de gozo y saturan sus vidas con la presencia y voluntad de Dios. Tienen sentido de dependencia, lo cual crea un ministerio auténtico. Su ministerio es para Dios, no para sí mismos. De tal relación brotan gozo, satisfacción y la sensación de ser útiles. Uno realmente puede celebrar el éxito cuando el enfoque está en Cristo. Para ellos, cada victoria es genuina y cada batalla es por una gran causa.

Otra manera de agradecer a Dios por el gozo del ministerio es seguir explorando el potencial. Los pastores de éxito mantienen sus energías comprometidas con el cuadro general. Están consagrados a causas eternas. Aceptan los problemas como parte del peregrinaje, pero no como todo el peregrinaje. Se entregan a lo que Stephen Covey llama: "Primero lo primero". Cuando la vida se enfoca en el potencial más que en los problemas, allí el Espíritu concede energías y dones "para la obra del ministerio" (Ef. 4:12). Tal enfoque es la materia prima para el gozo.

Otra observación acerca de los que agradecen a Dios por el gozo del ministerio es que buscan servir y no ser servidos. Alguien ha escrito que "la fragancia siempre queda en la mano que entrega rosas". Los pastores de éxito cosechan los beneficios del servicio.

Warren Wiersbe, en su libro *On Being a Servant of God* (Sobre cómo ser un siervo de Dios), escribió: "Si el obrero no recibe bendición del trabajo, algo está radicalmente mal. Servir a Dios no es castigo; es alimento. Jesús dijo: 'Mi comida es que haga la voluntad del que me envió y que acabe su obra" (Jn. 4:34)".[45] Los pastores sabios disfrutan al servir.

Estas son algunas maneras de agradecer a Dios por el gozo del ministerio. Porque, donde no hay gratitud, no hay gozo. Todas las victorias del ministerio son resultado de la fidelidad y una de las tareas de la fidelidad es dar gracias. Hace años escuché a E. Stanley Jones decir que él dedicaba las mañanas a dar gracias y alabar a Dios, a honrar y profundizar su relación con El. Era el secreto de su vida de gozo.

Un domingo escuché a un maestro de escuela dominical decir: "Permitan que Dios sea grande en sus vidas esta semana". Dar gracias a Dios es permitir que El se engrandezca en nuestros corazones. En el ministerio muchas cosas reclaman nuestra atención. Manténgase al día con sus "gracias", porque estoy convencido de que la gratitud impide la entrada al egoísmo. Es un recordatorio de que su vida y ministerio dependen de otros y especialmente de Dios. Dar gracias dirige sus pensamientos a Dios, sus bendiciones, sus planes y su consejo. Todo esto lo prepara para el éxito, para el gozo y para un ministerio emocionante.

29

El romance del ministerio

Doy gracias al que me fortaleció, a Cristo Jesús, nuestro Señor, porque, teniéndome por fiel, me puso en el ministerio, habiendo yo sido antes blasfemo, perseguidor e injuriador; pero fui recibido a misericordia porque lo hice por ignorancia, en incredulidad. Y la gracia de nuestro Señor fue más abundante con la fe y el amor que es en Cristo Jesús.
—1 Timoteo 1:12-14

EXISTE ROMANCE en el ministerio. Algunos dudarán del uso de estas palabras. Sin embargo, existe romance en el ministerio *porque estamos asociados con Dios*. El ministerio es negocio de Dios, no nuestro. Para muchos, el ministerio es un peregrinaje solitario. Y, sin Dios como nuestro Socio, el ministerio pierde su romance y motivación. Pablo le escribió a Timoteo: "Doy gracias al que me fortaleció, a Cristo Jesús, nuestro Señor, porque, teniéndome por fiel, me puso en el ministerio". En Filipenses él nos recuerda nuestra "comunión en el evangelio" (1:5).

Existe romance en el ministerio *porque estamos en la asociación suprema en el mundo*. Nos sentimos humildes al darnos cuenta de que Dios nos llamó para ser los portadores de tan grande mensaje. Cuando comprendemos lo que eso significa, sólo podemos cobrar ánimo por estar en asociación con el Dios del universo, el Origen de nuestras facultades, la Fuente de nuestra fortaleza y el Manantial de nuestras palabras. Existe romance en tal asociación.

Existe romance en el ministerio *porque estamos en una relación grandiosa*. Heidi Husted, en un artículo titulado "Four Ways I've Found Encouragement" (Cuatro maneras en que he recibido ánimo), cuenta de la relación con un mentor espiritual y cómo esta persona "me ayudó a escuchar mi vida. Ella me hizo recordar que hay una gran diferencia entre trabajar para Dios y estar con Dios".[46] Nuestra sociedad con Dios no es sólo "hacer el ministerio". Es una relación de redención: El es nuestro Salvador. Es una relación de amor: El nos ama, no porque realizamos el ministerio, sino por quiénes somos. Es una relación de pacto: El está comprometido con nosotros en una manera que no alcanzamos a comprender. El es Padre para nosotros. Es Consolador. Es Sanador. Es nuestro "todo en todos" (1 Co. 15:28; vea Col. 3:11). La relación implica relacionarse. Dios se relacionó con nosotros trayendo su amor, su Espíritu y sus recursos, y extendiéndolos en la mesa de nuestras almas. En esta relación, nos invita a participar de su mesa, para nutrirnos, alimentarnos y equiparnos para el ministerio. ¡Existe romance en esa relación!

Existe romance en el ministerio *porque tenemos una gran causa*. Kevin A. Miller, redactor de *Leadership* (Liderazgo), cuenta que estuvo en una conferencia donde se pidió a la gente que oraran unos por otros en la sesión final. Durante esa oración, Miller relata, una mujer elevó esta oración por él: "Señor, gracias porque tú le has confiado el evangelio de Cristo".[47] Existe romance en una causa, en una misión tan grande que no podemos comprender. El ministerio es confianza. A aquellos que Dios llama, les confía las noticias más emocionantes que el mundo haya escuchado alguna vez.

Existe romance en el ministerio *porque somos siervos*. El concepto de ser siervos es extraño para el mundo materialista. Es contrario a la mentalidad cuya única preocupación es: "Qué provecho saco yo de eso". Dios nos llama a cruzar barreras, a sacrificar y a servir. Estos términos causan incomodidad a la mente secular. Pero, para el cristiano, son los términos de vida; son los ritos para pasar por el peregrinaje espiritual. Pablo escribió con frecuencia que él era "siervo de Cristo Jesús". Jesús nos dio uno de los principios de su reino cuando dijo: "El que quiera hacerse grande entre vosotros, será vuestro servidor; y el que de vosotros quiera ser el primero, será siervo de todos" (Mc. 10:43-44). Jesús conocía la naturaleza humana. La verdadera satisfacción viene de servir, no de ser servido.

Existe romance en el ministerio *porque tocamos las vidas de personas*. Podemos ver a la gente de dos maneras: como problemas o como potencial. Nadie niega que hay personas problemáticas en el mundo. ¡Y reciben mucha publicidad! Si no tenemos cuidado, pudiéramos concluir que toda la gente es problemática. El romance en el ministerio surge al ayudar a la gente, al compartir con ellos la Palabra de Dios, al ver que esta echa raíces en sus vidas y al regocijarnos cuando da fruto. El romance surge al tocar las vidas de la gente en sus momentos de crisis y al percibir su respuesta cálida y afirmativa. Usted sabe, entonces, que es un embajador de Dios. El romance surge al consolar a la gente en su hora de desesperación y al saber que usted marca una diferencia. El romance surge al compartir las alegrías de la gente, sabiendo que usted es una parte importante en sus vidas. En su libro *Pastors at Risk* (Pastores en riesgo), H. B. London Jr. y Neil B. Wiseman escribieron: "¿Quién más ha recibido una comisión de Dios para participar en los eventos principales del drama humano como apoderado del Cristo viviente?"[48] Existe romance al ayudar a la gente.

Pastor, ¡existe romance en el ministerio! Esto no quiere decir que cada día es una celebración de éxitos. Pero, las victorias del ministerio forman un legado de gozo que nos sostiene a través de los años.

30

¡Disfrute de sus éxitos!

Porque yo sé los pensamientos que tengo acerca de vosotros, dice Jehová, pensamientos de paz y no de mal, para daros el fin que esperáis. Entonces me invocaréis. Vendréis y oraréis a mí, y yo os escucharé. Me buscaréis y me hallaréis, porque me buscaréis de todo vuestro corazón.
—Jeremías 29:11-13

¿QUÉ DEBE HACER con el éxito? ¡Disfrútelo! ¡Agradezca a Dios por él! ¡Celébrelo! ¡Regocíjese! ¡Cuente sus bendiciones! ¡Saboree el momento! ¡Recuérdelo —por mucho tiempo!

A través de los años experimentará importantes logros en su ministerio. El pastorado puede ser la profesión más grandiosa del mundo. Por supuesto, quizá no siempre, porque en ninguna área de la vida se disfruta el éxito todo el tiempo. Sin embargo, en el ministerio necesitamos creer que la victoria y la satisfacción pueden caracterizar nuestra carrera.

Para principiar, necesitamos saber que el éxito del que hablamos no consiste en estadísticas. No es un juego de números. No se basa en lo que otros describen como éxito. El éxito en el ministerio es una combinación de cosas. Es fidelidad mezclada con solicitud, efectividad y consagración al Señor Jesucristo. Es la mentalidad que ve el servicio como prioridad y el ser siervos como su conducto.

¿Cómo se debe celebrar el éxito? ¿Qué hace usted cuando recibe bendiciones y todo marcha bien? ¿Cómo responde cuando su ministerio parece estar caminando viento en popa?

Primero, celebre. Ya sea grande o pequeño el éxito, hónrelo en su corazón. Dé gracias por el momento. Dele un lugar en su memoria, en su corazón y en su historia. Grábelo allí como recordatorio de la afirmación y bendición de Dios. Celebre con su familia, sus amigos y la iglesia. Exprésele a Dios su gratitud y no tome sus bendiciones como algo sin importancia. Celebrar el éxito es una parte apropiada de nuestra respuesta a Dios.

Segundo, piense positivamente. Cuídese del pesimismo; no espere la llegada de problemas. Disfrute del éxito en el ministerio. Los pastores de éxito no se dejan dominar por influencias negativas y reaccionarias. Ellos buscan lo positivo en cada situación.

Tercero, haga planes para tener éxito. Los grandes momentos en el ministerio no vienen simplemente con trabajo y oración. El éxito, en cualquier área, es el producto de planes. Es nuestra manera de dar lugar a Dios en nuestros pensamientos y ministerio. Pablo habla de nuestra "comunión en el evangelio" (Fil. 1:5). ¡Nos anima saber que Dios nos ha llamado para estar en asociación o "comunión" con El en el trabajo más grandioso del mundo! Planear abre nuestro corazón y mente a los pensamientos de Dios, a sus caminos y a su voluntad.

Cuarto, comparta sus victorias con la iglesia. Celebre con su congregación aun el éxito más pequeño. Recuerde: su celebración anima a los que le apoyan fielmente. Aquellos que oran por usted y con usted merecen saber cómo Dios está bendiciendo. Cuando escuchan la expresión de victoria en la voz del pastor, se contagian. Se sienten animados a esperar futuras victorias.

Quinto, mantenga un diario de la obra de Dios en su vida y en la vida de la iglesia. El relato de nuestra historia con Dios constituye buen material de lectura en los tiempos difíciles. El diario es un recordatorio de las bendiciones de Dios, de cómo nos ayudó en el pasado y de sus promesas para el futuro. El pastor es una persona de promesa: Dios lo llamó y le prometió su cuidado y consejo. Aquel que nos llama es Aquel que dice: "No te desampararé ni te dejaré" (He. 13:5).

Sexto, busque el rastro de Dios en su ministerio. Dios deja la marca de su corazón en los ministerios de aquellos que El llama. Dios tiene una manera de renovar el pacto con sus seguidores. Tiene una manera de participar en el ministerio de sus escogidos. Los pastores de éxito ven el rastro de Dios y celebran su presencia, sus bendiciones y su aprobación del ministerio.

Séptimo, recuerde quién es usted en el peregrinaje del ministerio. Somos personas redimidas que tratamos de obedecer el llamado de Dios. No podemos obtener favores especiales de El. Todo éxito que tenemos es un don de la mano de Dios. Debemos recordar nuestra misión, nuestro llamamiento y nuestra meta. Somos como el conductor de un tren de pasajeros que realizaba su último recorrido antes de jubilarse. Cuando un hombre le preguntó sobre su vida como conductor de tren, respondió: "Me parece que he pasado toda mi vida tratando de ayudar a que la gente llegue a su hogar".[49] Nuestro llamamiento, nuestra misión es ayudar a que la gente llegue al hogar, es decir, a la familia de Dios.

Gerald Kennedy declaró que nunca cesaría de estar en deuda con el pasado. El escribió: "No hay manera de corresponder a las generaciones pasadas y pagarles aunque sea una pequeña parte de lo que han contribuido para mi bienestar".[50] Parte de nuestro éxito es la contribución de alguien. Nuestras victorias no son vuelos solitarios. Nuestras vidas son resultado de las contribuciones de padres, familia, amigos y maestros. Recuerde: quienes somos es una celebración de la obra de Dios en nuestro ministerio.

¡Disfrute de sus éxitos! El llamamiento que ha recibido de Dios es un llamado a crecer, a tener éxito, a celebrar victorias y a disfrutar del peregrinaje del ministerio.

Notas bibliográficas

1. Madre Teresa, *Leadership*, otoño 1989, p. 137.
2. W. Raymond McClung, "Making a Difference", *Sunrise Devotions* (Kansas City: Beacon Hill Press of Kansas City, 1991), 2:42.
3. Marshall Shelley, *Leadership*, verano 1991, p. 3.
4. Johnson después fue descalificado porque el análisis para detectar el uso de drogas resultó positivo. Lewis fue declarado oficialmente el ganador.
5. Allan Cox, *Straight Talk for Monday Morning: Creating Values, Vision, and Vitality at Work* (Nueva York: John Wiley and Sons, 1990), pp. 295-296.
6. Ernest Campbell, *Locked in a Room with Open Doors* (Dallas: Word Books, 1974), p. 34.
7. Citado en John C. Maxwell, *Be a People Person* (Wheaton, Illinois: Victor Books, 1989), p. 16.
8. Don McCullough, "Walking from the American Dream", *Leadership* 10, No. 3, verano 1990, p. 42.
9. John Henry Jowett, *My Daily Meditation*, Julio 9 (La Verne, California: El Camino Press, 1975), p. 195.
10. *Ibid.*
11. H. B. London Jr. y Neil B. Wiseman, *Pastors at Risk* (Wheaton, Illinois: Victor Books, 1993), p. 30.
12. Eugene H. Peterson, *Working the Angles: A Trigonometry for Pastoral Work* (Grand Rapids: Wm. B. Eerdmans Publishing Co., 1987), p. 155.
13. Stan Toler, *God Has Never Failed Me, but He's Sure Scared Me to Death a Few Times* (Tulsa, Oklahoma: Honor Books, 1995).
14. Citado en Donna Fisher, *People Power* (Austin, Texas: Bard and Stephen Publishers, 1995), p. 207.
15. John Walsh, "The Story Behind the Picture", *Guideposts*, septiembre de 1984, p. 3.
16. Citado en H. B. London Jr. y Neil B. Wiseman, *The Heart of a Great Pastor* (Ventura, California: Regal Books, 1994), p. 22.
17. Ed Towne, *Leadership*, invierno 1991, p. 57.
18. Herbert M. Carson, *Hallelujah!* (Hertfordshire, Inglaterra: Evangelical Press, 1980), p. 74.
19. Craig Loscalzo, *Preaching Sermons That Connect* (Downers Grove, Illinois: InterVarsity Press, 1992), p. 77.

20. Dennis F. Kinlaw, *Preaching in the Spirit* (Wilmore, Kentucky: Francis Asbury Press, 1985), p. 9.

21. Donald McCullough, Maxie Dunnam, Gordon MacDonald, "Enlarging the Mind to Expand the Ministry, Mastering Personal Growth", *Christianity Today*, 1992, p. 98.

22. Jonathan G. Yandell, "Trust", *Leadership*, invierno 1995, p. 39.

23. Robert Callender, "Re-Focusing to Re-Empower a Ministry Gone Flat", *Journal of the American Academy of Ministry*, invierno 1995, p. 5.

24. Citado en Michael O'Donnell, *Home from Oz* (Dallas: Word Publishing, 1994), p. 159.

25. Max Lucado, *He Still Moves Stones* (Dallas: Word Publishing, 1993), p. 99.

26. Warren Wiersbe, *Something Happens When Churches Pray* (Wheaton, Illinois: Victor Books, 1984), p. 51.

27. John R. W. Stott, *Decision*, s.f.

28. James Stewart, *Heralds of God* (Nueva York: Charles Scribner's Sons, 1946), p. 47.

29. William Skudlarek, *The Word in Worship* (Nashville: Abingdon Press, 1981), p. 46.

30. Lou Mobley y Kate McKeown, *Beyond IBM* (Nueva York: McGraw-Hill Publishing Co., 1989), p. 30.

31. Mobley y McKeown, *Beyond IBM*, p. 30.

32. Dag Hammarskjöld, "Reflections", *Christianity Today*, julio 19, 1994, p. 45.

33. Edward R. Dayton, *Succeeding in Business Without Losing Your Faith* (Grand Rapids: Baker Book House, 1992), p. 20.

34. Ben Patterson, *Serving God* (Downers Grove, Illinois: InterVarsity Press, 1994), p. 168.

35. Alex MacKenzie, *Time for Success* (Nueva York: McGraw-Hill Publishing Co., 1988), p. 8.

36. Denis Haack, *The Rest of Success* (Downers Grove, Illinois: InterVarsity Press, 1989), pp. 102-103.

37. Shelley Chapin, *Within the Shadow* (Wheaton, Illinois: Victor Books, 1991), p. 16.

38. Gerald Kennedy, *Fresh Every Morning* (Nueva York: Harper and Row, 1966), p. 174.

39. *Ibid.*, p. 175.

40. Wesley Tracy, *What's a Nice God like You Doing in a Place like This?* (Kansas City: Beacon Hill Press of Kansas City, 1990), pp. 83-84.

41. David A. Seamands, *If Only* (Wheaton, Illinois: Victor Books, 1995), p. 14.

42. Alan E. Nelson, *Broken in the Right Place* (Nashville: Thomas Nelson, 1994), p. 11.

43. Richard A. Swenson, *Margin* (Colorado Springs: NavPress, 1992), p. 25.

44. Gordon MacDonald, *The Life God Blesses* (Nashville: Thomas Nelson, 1994), pp. xiii-xiv.

45. Warren Wiersbe, *On Being a Servant of God* (Nashville: Thomas Nelson, 1993), p. 14.

46. Heidi Husted, "Four Ways I've Found Encouragement", *Leadership*, verano 1996, p. 44.

47. Kevin A. Miller, "From the Editor", *Leadership*, verano 1996, p. 3.

48. London y Wiseman, *Pastors at Risk*, p. 234.

49. Charles L. Allen, *What I Have Lived By* (Old Tappan, New Jersey: Revell, 1976), p. 117.

50. Gerald Kennedy, *The Parables* (Nueva York: Harper and Row, 1960), p. 139.

www.ingramcontent.com/pod-product-compliance
Lightning Source LLC
Chambersburg PA
CBHW031407040426
42444CB00005B/450